小学5年生

作文・表現にぐーんと強くなる

学習指導要

KUMON

この本の使い方

- 問題を始める前に、まとめコーナーを読みましょう。
- かん末の「**別冊《べっさつ》解答《かいとう》例《れい》**」は、取り外して使います。
- 書き方に迷《まよ》ったときは、作文のお手本と解《かい》説《せつ》をよく読みましょう。

もくじ

1 自分の長所と短所を書く①

長所と短所の書き方

自分の長所と短所を見つけて、あなたについて周りの人に伝える文章を書きましょう。

① しょうかいしたい長所と短所を考えよう。

② 「長所が生きた経験《けいけん》」と「短所が原因《げんいん》で失敗した体験」を考えよう。

◆長所と短所の見つけ方

●自分自身をふり返る。
自分についていいなと思うところや、ここはあまりよくないから変えたいと思うところはないかを考えよう。

●周りの人から言われたことを思い出す。
家族や友達《ともだち》、先生などからほめられたことや、注意されたことはないかを思い出そう。

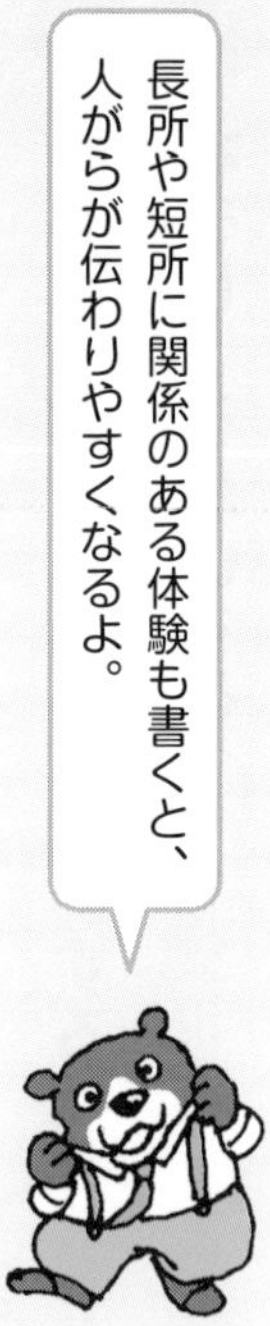

① 次のまん画を見てわかる、あきらさんの長所と短所を書きましょう。

●あきらさんの長所
・好きなことに（　　　　）になれるところ。

●あきらさんの短所
・（　　　　）なところ。

② あなたの長所・短所はどのようなところですか。それぞれ書き出してみましょう。

・あなたの考える自分の長所

・あなたの考える自分の短所

③ あなたの長所が生きた体験を書きましょう。

好きなことに夢中になれるから、好きなサッカーの練習なら、いくらでも取り組めるよ。だから、サッカークラブでレギュラーになれたんだ。

④ あなたの短所が原因になって、失敗した体験を書きましょう。

おっちょこちょいなところが原因で、プールの授業がある日に、水着をわすれて、体育を見学しなければならなくなったことがあったよ。

今回書いたことをもとに、次回は自分の長所と短所をしょうかいする文章を書いてみよう。

2 自分の長所と短所を書く②

❶ 次の〈あきらさんのメモ〉を見ながら、〈あきらさんの文章〉の（　）に合う言葉を書きましょう。

〈あきらさんのメモ〉

・長所
好きなことに夢中《むちゅう》になれるところ。

・長所が生きた体験
サッカーが好きだから、夢中で練習して、サッカークラブのレギュラーになれたこと。

・短所
おっちょこちょいなところ。

・短所が原因《げんいん》で、失敗した体験
プールの授業《じゅぎょう》がある日に、水着をわすれてしまい、体育の授業を見学しなければならなくなったこと。

文章に書くことをメモにまとめてみたよ。

〈あきらさんの文章〉

長所←体験

ぼくの長所は、好きなことに夢中になれるところです。だから、好きなサッカーの練習には、集中して取り組めます。そのおかげで、サッカークラブの（　　　　）になることができました。

短所←体験

ぼくの短所は、おっちょこちょいなところです。そのせいで、プールの授業がある日に、水着を（　　　　）しまい、大好きなプールの授業に参加できませんでした。そういうことがないように、気をつけたいと思います。

文末は、「〜です・ます」か「〜だ・である」のどちらかの形にそろえて書こう。

❷ 5ページで書いた内容《ないよう》を見ながら、自分の長所と短所をしょうかいする文章を書くための〈あなたのメモ〉を作りましょう。

〈あなたのメモ〉

・長所

・長所が生きた体験

・短所

・短所が原因で、失敗した体験

❸ 〈あなたのメモ〉を見ながら、あなたの長所と短所をしょうかいする文章を書きましょう。

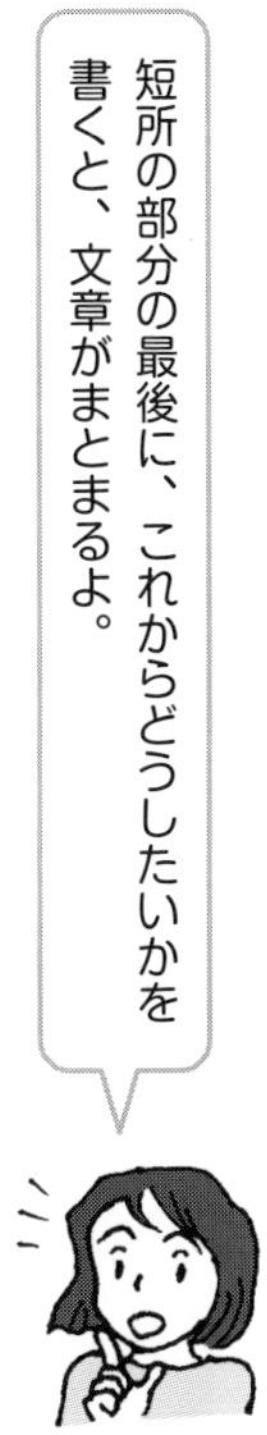

3 身の回りの人をしょうかいする①

身の回りの人をしょうかいする作文を書く準備《じゅんび》

身の回りの人を、クラスのみんなにしょうかいする作文を書きます。次のように考えましょう。

① だれをしょうかいするかを決める。

② その人についての出来事を思い出す。
その人をいいなと思った出来事や、その人のことが心に残っている出来事を思い出す。

③ 出来事や行動を通して、どんな人と言えるかを考える。

❶ 次のまん画を見て、後の問題に答えましょう。

(1) 上のまん画の出来事をメモしました。（　）にあてはまる言葉を書きましょう。

漢字テストで（　　　　）を取ってがっかりしたひなさんの妹は、次は必ず（　　　　）を取ると決めた。

↓

妹は毎日一生けん命、漢字の練習をした。

↓

次のテストで、妹は（　　　　）を取った。

(2) ひなさんの妹はどんな人だと言えるでしょう。ア〜ウから選んで、記号を○で囲《かこ》みましょう。

ア　人に負けるのが許《ゆる》せない人。
イ　自分で決めたことをやりとげる人。
ウ　好きなことに一生けん命取り組む人。

まん画の出来事や、妹の行動から、どんな人と言えるかを考えよう。

❷ あなたがしょうかいする人を決めましょう。

(1) あなたの身の回りには、どんな人がいますか。書き出してみましょう。

(2) (1)で書き出した中から、しょうかいしたい人を一人《ひとり》選んで書きましょう。

❸ ❷(2)で決めた人について、心に残っている出来事を一つ思い出して書きましょう。

❹ ❸の出来事を通して、❷(2)で決めた人はどんな人だと言えるでしょう。

4 身の回りの人をしょうかいする②

身の回りの人をしょうかいする文章の書き方

身の回りの人についてしょうかいする文章を書くときは、次のような手順で取り組みましょう。

① 身の回りの人についてメモにまとめる。

② 次のような構成《こうせい》で文章にまとめる。

はじめ	だれをしょうかいするか。
中	どんな出来事があったか。
終わり	出来事や行動からどんな人と言えるか。

1 次の〈あきらさんのメモ〉を見ながら、〈あきらさんの文章〉の□に入る言葉を書きましょう。

〈あきらさんのメモ〉

しょうかいする人	クラスメートのまさきさん
出来事	休み時間に、校庭で一年生が転んでしまったとき、すぐにかけよって、やさしく声をかけて、保健室《ほけんしつ》に連れていってあげていた。
どんな人か	とてもやさしくて親切な人

〈あきらさんの文章〉

はじめ

　ぼくは、クラスメートのまさきさんのこと
をしょうかいします。

中

　金曜日の休み時間に、ぼくたちが校庭でド
ッジボールをして遊んでいると、そばで□
□が転んでしまったのが見えました。すると、
まさきさんはすぐに一年生にかけよって、や
さしく声をかけ、□に連れていってあげ
ていました。

終わり

　このことから、まさきさんは、□
□だと思います。

書き始めは一ます空ける。

行を変えたら一ます空ける。

句点《くてん》(。)や読点(、)が行の初めに来るときは、前の行のいちばん下のますに文字といっしょに書く。

原こう用紙の使い方のポイントに気をつけて書いたよ。

2 身の回りの人をしょうかいする文章を書くための〈あなたのメモ〉を書きましょう。9ページの2(2)・3・4で書いたことをもとにまとめましょう。

〈あなたのメモ〉

しょうかいする人	出来事	どんな人か

3 2の〈あなたのメモ〉に書いたことをもとに、原こう用紙の使い方に気をつけて、身の回りの人をしょうかいする文章を書きましょう。

「はじめ」に「しょうかいする人」、「中」に「出来事」、「終わり」に「どんな人か」を書こう。「中」と「終わり」がつながるように書くことがポイントだよ。

本をしょうかいする方法には、ポップ、ポスター、パンフレット、新聞、本の帯などがあります。だれに、どんな場面でしょうかいするかによって、方法を選びましょう。

ここでは、ポップで本をしょうかいする方法を見ていこう。

本のしょうかいの仕方

◆ポップとは

その本を読んでみたくなるように、本の内容《ないよう》や心に残ったところを、短い言葉で伝えるカード。

◆ポップの作り方

① 本の中で自分の心に残っているところや伝えたいところを選ぶ。

② ①で選んだところが伝わるようにキャッチコピーを書く。

キャッチコピーとは、人の注意を引きつけるための短い宣伝《せんでん》の言葉のことだよ。

③ ②に関わる部分の簡単《かんたん》なあらすじを書く。

④ 本の題名、作者名などを入れる。

〈ポップの例〉

見る人が読んでみたくなるような、キャッチコピーを短い言葉で入れる。心に残った本文の言葉などを書いてもよい。

簡単なあらすじ

本の題名・作者など

本のテーマに合わせて、絵をかいたり、字の大きさや紙の形を工夫《くふう》したりする。

『一つの花』今西祐行作（ポプラ社）

1 次の二つは、「セロひきのゴーシュ（宮沢賢治作《みやざわけんじ》）」のポップです。より効果的《こうかてき》なのは、ア・イのどちらでしょう。記号を○で囲《かこ》みましょう。

ア

イ

楽団でいちばん演そうの下手なゴーシュが練習しているところへ、夜になるとねこやかっこう、野ねずみなどの動物がおとずれます。かれらとのかかわりを通して、ゴーシュは成長していきます。
セロひきのゴーシュ　宮沢賢治作

どちらがより、見る人の目を引きつけるかを考えてみよう。

『セロ弾《ひ》きのゴーシュ　宮沢賢治絵童話集⑥』天沢退二郎《あまざわたいじろう》・萩原昌好《はぎわらまさよし》監修《かんしゅう》（くもん出版《しゅっぱん》）

2 「白いぼうし（あまんきみこ作）」のポップを、あきらさんとひなさんが作りました。だれがどちらのポップを作ったでしょう。二人《ふたり》の言葉を見て、（　）に名前を書きましょう。

あきらさん

ぼくは、松井《まつい》さんがぼうしの下に、ちょうの代わりに夏みかんを置いたのがおもしろかったよ。

ひなさん

わたしは、タクシーに乗っていた女の子が消えてしまって、まどの外にちょうがたくさん飛んでいたことを伝えたいな。

（　　　　）

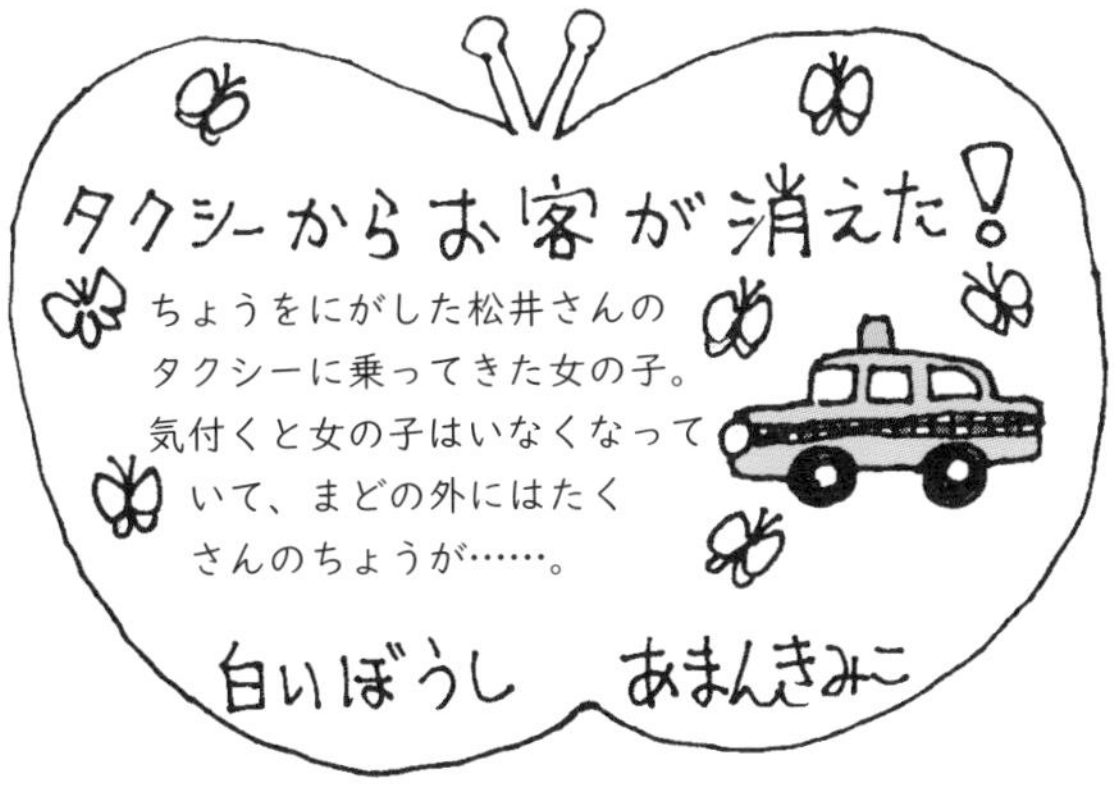

（　　　　）

『車のいろは空のいろ　白いぼうし』あまんきみこ作、北田卓史《きただたくし》絵（ポプラ社）

6 本をしょうかいする②

❶「ブレーメンの音楽隊」という物語のポップを作ります。文章を読んで、問題に答えましょう。

　昔あるところに、年を取ったろばがいました。荷物が運べなくなったろばは、ブレーメンへ行って音楽隊に入ることにしました。少し行くと、犬に会いました。年を取ってかりができなくなった犬も、いっしょにブレーメンへ行くことになりました。ねずみがとれなくなったねこと、スープにされそうになったにわとりも仲間に加わり、四ひきでブレーメンを目指しました。

　夜になって、四ひきは森でねることにしました。すると遠くに家の明かりが見えます。行ってみると、どろぼうたちがごちそうを食べていました。四ひきは相談して、ろばの上に犬が乗り、その上にねこが乗り、いちばん上ににわとりが乗って、いっせいに鳴きました。おどろいたどろぼうたちはにげ出し、四ひきは家に入って、おなかいっぱいごちそうを食べました。

　夜中に様子を見にきたどろぼうは、ねこにひっかかれ、犬にかまれ、ろばにけられ、にわとりの声を聞いて、かいぶつにおそわれたと思い、にげていきました。四ひきは、ブレーメンには行かないでその家にすんで、幸せにくらしました。

『ブレーメンの音楽隊』グリム作(再話《さいわ》)

(1) 上の物語を読んで、いちばん心に残ったところや、おもしろいと思ったところを一つ選んで書きましょう。

わたしは、年を取った動物たちがブレーメンに行って音楽隊に入ろうとしたところがおもしろいと思ったよ。

(2) (1)で選んだところに関わる簡単《かんたん》なあらすじを書きましょう。

こんなふうに考えたよ。

年を取って仕事ができなくなったろばと犬、ねこ、にわとりは、音楽隊に入るため、ブレーメンを目指した。

2 **1**で書いたことをもとに、「ブレーメンの音楽隊」（グリム作）をしょうかいするポップを作ります。次のポイントに注意して□にかきましょう。

ポイント

- いちばん心に残ったところや，おもしろいと思ったところをキャッチコピーにする。
- キャッチコピーは，人を引きつけるような短い言葉で書く。
- 簡単なあらすじを入れる。
- 文字の大きさを工夫《くふう》する。絵をかいてもよい。

7 読書感想文を書く①

読書感想文の書き方

読書感想文は、次のような手順で書きましょう。

① 読書感想文を書く本を決める。

本を決めるときは、図書館に行って実際《じっさい》に本を手に取ったり、インターネットで読みたい本をさがしたりしてみよう。

以前読んで心に残っている本を、もう一度読み返してもいいよ。

② 本を読んで、心に残ったところを選ぶ。

本を読むとき、心に残ったところにしおりをはさみながら読んでもよい。後でふり返るときに役に立つよ。

いらない紙でしおりを作って、どんどんはさんでいくといいよ。

③ 文章の構成《こうせい》を考えて、〈構成メモ〉を書く。

④ 〈構成メモ〉をもとに、読書感想文にまとめる。

---

① 「ごんぎつね」のあらすじを書きました。あらすじのまとめ方として、よいほうは、ア・イのどちらでしょう。記号を○で囲《かこ》みましょう。

書名「ごんぎつね」
作者名　新《にい》美《み》南《なん》吉《きち》

ア

ひとりぼっちの小ぎつね、ごんは、村でいたずらばかりしていた。ある日、川の中で兵《ひょう》十《じゅう》が魚をとっているのを見つける。それから十日ほどたって、兵十の母親のそうしきがあった。ごんは、ひとりぼっちになった兵十の家に、いわしを投げこんだり、くりや松たけをとどけたりした。ある夜、兵十は、うちに入ってきたごんを見つけて、火なわじゅうでうってしまうのだった。

◆読書感想文は、次のような構成で書こう。

はじめ	中	終わり
本を読んだきっかけ	・簡単《かんたん》なあらすじ ・本を読んでいちばん心に残ったところはどこか。心に残ったのはなぜか。 ・自分と比《くら》べてどう思うかや、自分ならどうするか。	・本を読んで学んだり、深く感じたりしたこと。 ・その本を読んだうえで、自分はこれからどうしたいか。

◆あらすじのまとめ方

①初めにどんなことがあったか
②次にどんなことがあったか
③最後にどうなったか

をおさえて、話の流れや前後のつながりがわかるように簡潔《かんけつ》にまとめよう。

主な登場人物についてもしょうかいできるといいね。

イ

ひとりぼっちの小ぎつね、ごんは、ある日、兵十がとった魚やうなぎを、いたずら心でにがしてしまう。しかし、そのうなぎは、病気の母親のためのものだったと知って、後《こう》かいする。ごんは、母をなくした兵十の家へ、いわしを投げこんだり、くりや松たけをとどけたりした。ある夜、兵十は、くりを持ってきたごんを見つけ、またいたずらをしに来たと思い、火なわじゅうでうってしまうのだった。

どちらも「ごんぎつね」のお話には合っているね。

ちがうところをさがしてみよう。

お話の流れや前後のつながりが、よくわかるのが、よいあらすじの書き方だよ。

8 読書感想文を書く②

❶ あきらさんは、「ごんぎつね」について読書感想文を書きます。次の、先生とあきらさんのやり取りを読んで、〈あきらさんの構成《こうせい》メモ〉を完成させましょう。

この本は、四年生の国語の授業《じゅぎょう》で読んだことがあって、もう一度、読んでみたくなったんだ。

心に残ったのはどんなところ？　どうして心に残ったのかな。

ごんがうたれてしまうところだよ。せっかく兵十《ひょうじゅう》のためにしていたことをわかってもらえたのに、うたれてしまってとても悲しかったから。

もし自分がごんで、うなぎをとったことを後《こう》かいしていたら、どうすると思う？

もう兵十には近づかないかも。

本を読んで、深く感じたことはあるかな？

ごんは、兵十にあやまりたい気持ちを、行動で表したからえらいと思った。気持ちは伝わったと思う。

〈あきらさんの構成メモ〉

はじめ	中			終わり
本を読んだきっかけ	簡単《かんたん》なあらすじ	心に残ったところとその理由	自分と比《くら》べてどう思うか	学んだり、深く感じたりしたこと
四年生の国語の授業で読んだことがあり、もう一度読んでみたくなったから。	小ぎつねのごんは、いたずら心から兵十が母親に食べさせようとしていたうなぎをとる。それを後かいして、兵十にくりなどをとどけていたが、それを知らない兵十にうたれてしまう。	ごんが（　　　）ところ。せっかく兵十のためにごんのしていたことをわかってもらえたのに、うたれてしまって悲しかったから。	自分なら、もう兵十には（　　　）かもしれない。	ごんは、兵十にあやまりたい気持ちを（　　　）で表したからえらい。気持ちは伝わったと思う。

2 あきらさんは、**1**の〈あきらさんの構成メモ〉をもとに、読書感想文を書きました。（　）に合う言葉を書いて、読書感想文を完成させましょう。

本を読んだきっかけ

ぼくは、「ごんぎつね」を読みました。この本を読んだのは、四年生の国語の授業で読んだことがあり、もう一度読んでみたくなったからです。

簡単なあらすじ

この物語では、小ぎつねのごんが、いたずら心から、兵十が母親に食べさせようとしていたうなぎをとってしまいます。それを後かいしたごんは、兵十にこっそりくりなどをとどけていました。けれど、それを知らない兵十に、うたれてしまいます。

心に残ったところとその理由

この物語を読んでいちばん心に残ったのは、（　）です。どうして心に残ったのかというと、（　）からです。

自分と比べてどう思うか

もし、自分がごんだったら、うなぎをとってしまったことを後かいして、（　）のではないかと思いました。

本を読んで学んだり、深く感じたりしたこと

ぼくは、この本を読んで、ごんが（　）ことが、えらいと思います。ごんはうたれてしまったけれど、ごんの気持ちはちゃんと兵十に伝わったのではないでしょうか。

9 読書感想文を書く③

1 あなたが読書感想文を書く本を決めましょう。

2 （　）に本の題名を書きましょう。

（　　　　　　　　　　）

3 読書感想文に書くことを、〈構成《こうせい》メモ〉にまとめましょう。

〈構成メモ〉

はじめ	本を読んだきっかけ	
中	簡単《かんたん》なあらすじ	◀初めにあったこと、次にあったこと、最後にどうなったかをまとめよう。
中	心に残ったところとその理由	
中	自分と比《くら》べてどう思うか	
終わり	学んだり、深く感じたりしたこと	

③ ②で書いた〈構成メモ〉をもとに、読書感想文を書きましょう。

- 本を読んだきっかけ
- 簡単なあらすじ
- 心に残ったところとその理由
- 自分と比べてどう思うか
- 本を読んで学んだり、深く感じたりしたこと

▼合うほうを◯で囲《かこ》もう。

（ぼく・わたし）は、（　　　　　　　　）という本を読みました。

この本を読んだきっかけは、

絵や写真の感想文を書く①

印象《いんしょう》に残っている絵や写真について感想を伝える文章は、次のような手順で書きましょう。

絵や写真の感想文の書き方

① 何の絵や写真について伝えるかを決める。
美術館《びじゅつかん》の展示《てんじ》などで見た絵や写真、本やテレビなどで見た絵や写真を思い出してみよう。

② 絵や写真についての情報《じょうほう》を集める。
いつかかれたり、とられたりしたものか、作者はどんな人なのかなどの情報を、図書館の本やインターネットなどで調べて集めよう。

③ 書く内容《ないよう》を〈構成《こうせい》メモ〉にまとめる。

④ 〈構成メモ〉をもとに感想文を書く。
ただ「きれいだ」「すごい」というだけではなく、どこがどうきれいなのか、すごいのかがわかるように表現《ひょうげん》を工夫《くふう》して書こう。

① ひなさんは、左の絵について文章を書くために、〈構成メモ〉を書きました。メモをもとに書いた〈ひなさんの感想文〉の（　）に合う言葉を書きましょう。

ゴヤ「闘牛技」20「マドリード闘牛場でのファニート・アピニャーニの敏捷《びんしょう》さと大胆《だいたん》さ」（三重県立美術館所蔵《しょぞう》）

※闘牛…人と牛、または、牛と牛が戦う競技《きょうぎ》。

〈ひなさんの構成メモ〉

はじめ	中	終わり
印象に残っているのは、ゴヤの「闘牛技《とうぎゅうぎ》」という版画《はんが》の中の一まい。	・一八一六年に出版《しゅっぱん》された版画集にのっている。 ・作者はゴヤ。一七四六年生まれのスペインの画家。 ・闘牛士《し》が牛と戦っている版画。闘牛士が、ぼうを支《ささ》えに牛の頭の上をこえている。 ・動きが生き生きしていてすごい。 ・本当に闘牛を見ているような気持ちになる。	機会があったら、ぜひ見てみてください。

◆〈構成メモ〉の書き方

印象に残っている絵や写真について感想を伝える文章を書くときは、次のような構成でまとめるとよい。

〈構成メモ〉

はじめ

・印象に残っているのは、だれの何という作品か。

・いつ、どこで見たかなどがわかれば書く。

中

・絵や写真の情報

・いつかかれたり、とられたりしたのか。

・作者はどんな人か。

・どんなところが印象に残っているか。

・だれが何をしているところか、何がかかれているかなど、様子を具体的に説明する。

・なぜ印象に残ったのか。

・見ているとどんな気持ちになるかなど、好きな理由を書く。

終わり

読む人に、その絵や写真をおすすめする言葉を書く。

〈ひなさんの感想文〉

わたしが印象に残っているのは、ゴヤの「闘牛技」という版画の中の一まいです。

この版画は、（　　）年に出版された版画集にのっています。作者のゴヤは、一七四六年生まれの（　　）の画家です。

この版画では、闘牛士が（　　）と戦っているところがえがかれています。闘牛士は、一本の（　　）を支えにして、ぼう高とびの選手のように、牛の頭の上をこえています。闘牛士と牛の動きが生き生きしていて、かっこいいので印象に残りました。版画を見ているだけで、本当に（　　）を見ているような気持ちになってわくわくしてきます。

機会があったら、ぜひ見てみてください。

「きれい」「すごい」などの言葉を他の言葉に言いかえたり、たとえや擬態語《ぎたいご》、擬音語《ぎおんご》を使って表したりしてみよう。

11 絵や写真の感想文を書く②

① 次の二まいの絵のうち、あなたが好きな絵をア・イから選んで、記号を○で囲《かこ》みましょう。

ア

アの絵の情報《じょうほう》
話し合う猫《ねこ》たちをえがいた絵
作者…歌《うた》川《がわ》国《くに》芳《よし》(1798年〜1861年)江戸《えど》時代に活やくした浮世絵師《うきよえし》。
浮世絵…江戸時代に流行した、人々の風ぞくをえがいた絵。

イ

イの絵の情報
「医師《いし》ガシェのしょう像《ぞう》」(版画《はんが》)
作者…ゴッホ(1853年〜1890年)オランダの画家。
えがかれた年…1890年
ガシェ医師…ゴッホの主治医。

② ①で選んだ絵について、感想文を書くための〈構成《こうせい》メモ〉を書きましょう。

〈構成メモ〉

はじめ	中	終わり
好きなのは、（　　）の（　　）の絵。	▶絵の情報を書こう。 ▶好きなところや印象《いんしょう》に残ったところと、その理由を書こう。	機会があったら、ぜひ見てみてください。

③ ②で〈構成メモ〉にまとめた内容《ないよう》をもとに、①で選んだ絵について感想を伝える文章を書きましょう。

印象に残っているのは、だれの何という作品か

◀合うほうを（　）で囲《かこ》もう。　◀選んだ絵の作者を書こう。

（ぼく・わたし）は、（　　　　　　　　）の

（　　　　　　　　　　　　）の絵が印象に残りました。

絵の情報

この絵は、

どんなところが印象に残っているか、また、それはなぜか

おすすめする言葉

機会があったら、ぜひ見てみてください。

絵について具体的に伝わるように、表現《ひょうげん》を工夫《くふう》してみよう！

12 体験したことを書く①

体験したことを文章に書く書き方

体験したことを文章に書くときは、次のような手順で取り組みましょう。

① 体験したことを思い出して、いくつか書き出す。

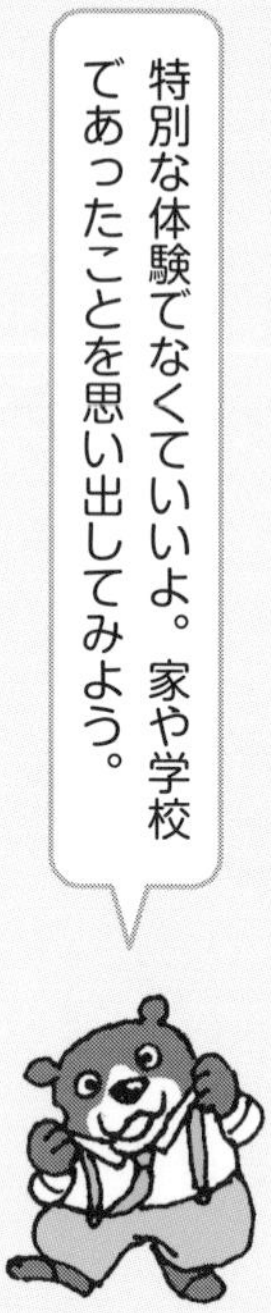

② 書き出したことの中から、伝えたい体験を一つ選ぶ。

③ 体験をくわしく思い出して、〈構成《こうせい》メモ〉を書く。
・出来事を順序《じゅんじょ》よく思い出そう。
・したこと、見たこと、言ったこと、聞いたことなどを思い出そう。

④ 〈構成メモ〉をもとに文章を書く。

---

❶ ひなさんのとう芸体験についてのまん画を見て、〈ひなさんのメモ〉の（　）に合う言葉を書きましょう。

◆〈構成メモ〉の書き方

〈構成メモ〉は、「はじめ」「中」「終わり」の組み立てで書いてみよう。

〈構成メモ〉

はじめ	どんな体験をしたか。
中	体験のくわしい内容《ないよう》 ・初めに何があったか。 ・次に何があったか。 ・最後にどうなったか。 そのときどう思ったか。
終わり	体験を通して感じたことや学んだこと。

わたしは、夏休みにとう芸の体験教室で、ろくろで湯のみ茶わんを作ったから、そのことを書きたいな。

〈ひなさんのメモ〉

体験のくわしい内容

・初めに何があったか。

ろくろにねん土をのせて、ろくろを回転させた。真ん中に（　　　）を空けて、指で広げていった。

・次に何があったか。

でき上がったと思ったら、（　　　）が入りすぎて、形がくずれてしまった。教室の先生が、「（　　　）。もう一度やってみましょう。」と言ってくれた。

・最後に何があったか。そのときどう思ったか。

もう一度初めからちょう戦して、今度はうまく湯のみ茶わんの形ができた。焼いてもらうのが（　　　）だ。

次は、ここで書いたことをもとに、文章を書いていくよ。

13 体験したことを書く❷

❶ ひなさんは、体験したことを〈構成《こうせい》メモ〉にまとめました。〈ひなさんの構成メモ〉を見て、〈ひなさんの文章〉の（　）に合う言葉を書きましょう。

〈ひなさんの構成メモ〉

はじめ	中	終わり
とう芸教室で、ろくろ体験をした。	・ろくろにねん土をのせて、ろくろを回転させた。真ん中にあなを空けて、指で広げた。 ・でき上がったと思ったら、力が入りすぎて、形がくずれてしまった。教室の先生が、「だいじょうぶ。もう一度やってみましょう。」と言ってくれた。 ・もう一度初めからちょう戦して、今度はうまく湯のみ茶わんの形ができた。焼いてもらうのが楽しみだ。	もっといろいろなものを作ってみたい。

〈ひなさんの文章〉

わたしは、とう芸教室でろくろ体験をしました。

まず、ろくろにねん土をのせて、（　　　）させました。真ん中にあなを空けて、指で広げました。ところが、でき上がったと思ったら、力が入りすぎて、形が（　　　）しまいました。すると、教室の先生が、「だいじょうぶ。もう一度やってみましょう。」と言ってくれました。

そこで、もう一度初めからちょう戦して、今度はうまく湯のみ茶わんの形ができました。焼いてもらうのが楽しみです。

もっといろいろなものを作ってみたいと思いました。

主語と述語《じゅつご》が正しくつながっているか確《たし》かめよう。

×わたしが学んだことは、～学びました。
○わたしは、～を学びました。

❷ あなたが最近体験したことを文章に書く準備《じゅんび》をします。

(1) 最近体験したことを思い出して三つ書きましょう。

(2) 書いた中から、文章に書いて伝えたいことを一つ選んで、□に○を書きましょう。

例 ○ 家庭科の時間にポテトサラダを作った。

❸ ❷で選んだ体験について順序《じゅんじょ》よく思い出し、したことや見たこと、言ったこと、聞いたことなどを書きましょう。

・初めに何があったか。

・次に何があったか。

・最後に何があったか。そのときどう思ったか。

14 体験したことを書く③

❶ 29ページ❸で書いたことをもとに、〈構《こう》成《せい》メモ〉をまとめましょう。

〈構成メモ〉

はじめ	中			終わり
▼どんな体験をしたか。	▼初めに何があったか。	▼次に何があったか。	▼最後に何があったか。そのときどう思ったか。	▼体験を通して感じたことや学んだこと。

2 1の〈構成メモ〉を見て、文章を書きましょう。

はじめ

▼どんな体験をしたかを書こう。

中

▼体験のくわしい内容《ないよう》を書こう。

終わり

▼体験を通して感じたことや学んだことを書こう。

書いたら見直して、主語と述語《じゅつご》が正しくつながっているかを確《たし》かめよう。

15 社会科見学の報告《ほうこく》文《ぶん》を書く①

見学して報告文を書くときの書き方

社会科見学などで見学したところについて報告文を書くときは、次のような手順でまとめましょう。

① 見学するとき

・見たことや聞いたこと、気づいたことを書きとめて〈見学メモ〉を作る。

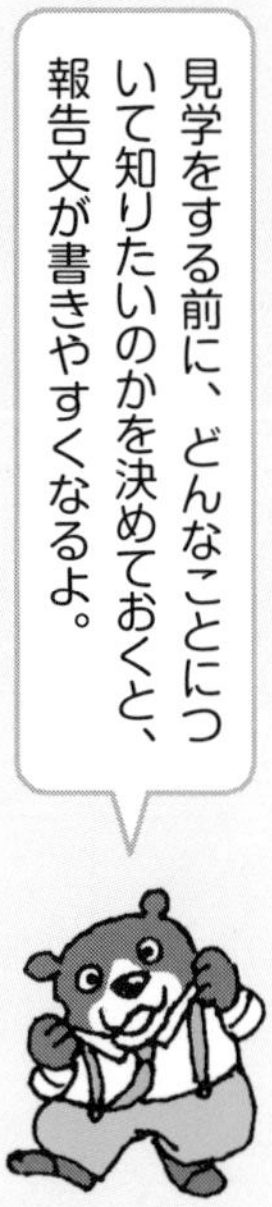

・見学先の人に、聞きたいことをインタビューして、〈インタビューメモ〉を作る。

・パンフレットなど資料《しりょう》があれば入手する。

② 見学した後

・取った〈メモ〉を整理して、書く内容《ないよう》を選ぶ。

・〈メモ〉や資料をもとに、報告文を書く。

---

1 次の報告文を読んで、問題に答えましょう。

パン工場の見学

中川《なかがわ》　そうま

1 ［　　　］

学校の給食にはよくコッペパンが出ます。そのコッペパンがどのように作られるのか知りたいと思いました。

2 ［　　　］

(1) コッペパンができるまで

まず、ミキサーという機械で、小麦粉《こむぎこ》、水、パンこうぼなどを混《ま》ぜ、パン生地を作ります。次に、作った生地を機械で一食分の大きさに切って、丸めます。生地をしばらく休ませた後、コッペパンの形にします。そして、発こう室に一時間ほど入れてふくらませてから、オーブンで焼きます。

(2) 安全なパンを作る工夫《くふう》

安全なパンを作るために、できたパンは金属探知機《きんぞくたんちき》を通して、食物以外の物が混じっていないか確《たし》かめます。人の目でも一つずつ確認《かくにん》するそうです。

3 ［　　　］

コッペパンができるまでにさまざまな工程《こうてい》があるとわかりました。これから給食のパンをもっと味わって食べたい

報告文の構成《こうせい》

報告文は、次のような構成で書こう。

1 調べたことと調べた理由
2 調べてわかったこと
3 調べた感想

インタビューの仕方

見学先の方にインタビューをするときは、次のようなことに気をつけよう。

① インタビューする前

・質問《しつもん》を事前に考えてメモしておく。

② インタビューをするとき

・メモを取りながら聞く。

・質問をして、疑問《ぎもん》に思ったことや、もっと知りたいと思ったことは、その場で聞く。

・あいさつやお礼の言葉をきちんと言う。

・ていねいな言葉ではっきりと話す。

と思います。

(1) 報告文の1～3の見出しに合うものを[　]から選んで、(　)に記号を書きましょう。

1 (　)　2 (　)　3 (　)

ア 調べてわかったこと
イ 調べたことと調べた理由
ウ 調べた感想

(2) 報告文の□に入れるとよい絵を、次のア～ウから選んで、記号を○で囲《かこ》みましょう。

ア

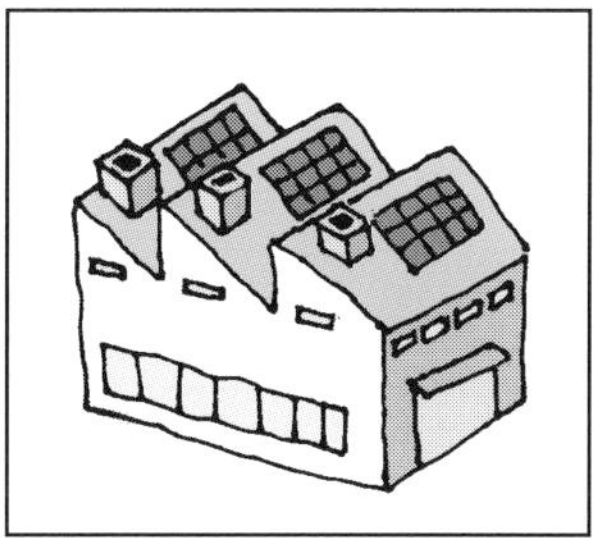

イ

ウ

言葉の説明だけではわかりにくいところは、絵や図、写真などを使うとわかりやすく説明できるね。

16 社会科見学の報告《ほう》告《こく》文《ぶん》を書く②

❶ あきらさんとひなさんは、自動車工場の見学に来ました。次のまん画を見て、問題に答えましょう。

〈自動車工場見学の様子〉

(1) あきらさんとひなさんが、自動車工場見学をしながらメモを取りました。（　）に合う言葉を書き、〈見学メモ〉を完成させましょう。

〈見学メモ〉

・自動車をつくる工程…（　　）つ

プレス→よう接→とそう→組み立て→検査

①プレス…プレス機を使って（　　）を切り、大きな部品をつくる。ドアなど。

②よう接…ロボットが部品をよう接する。

③とそう…と料を（　　）回重ねてぬる。

④組み立て…車体に、シートや（　　）などを取り付けて組み立てる。

⑤検査…（　　）こう目以上行う。

〈インタビューの様子〉

(2) あきらさんとひなさんが、工場の人にインタビューをしながらメモを取りました。〈インタビューの様子〉を見て（　）に合う言葉を書き、〈インタビューメモ〉を完成させましょう。

〈インタビューメモ〉

・質問《しつもん》
車をつくるうえでかんきょうに配りょしている取り組みはあるか。

・答え
・部品は（　　　　）して使うようにしている。
・工場の屋根に（　　　　）を取り付けて、太陽光を利用し、二酸化炭素《にさんかたんそ》のはい出をおさえている。

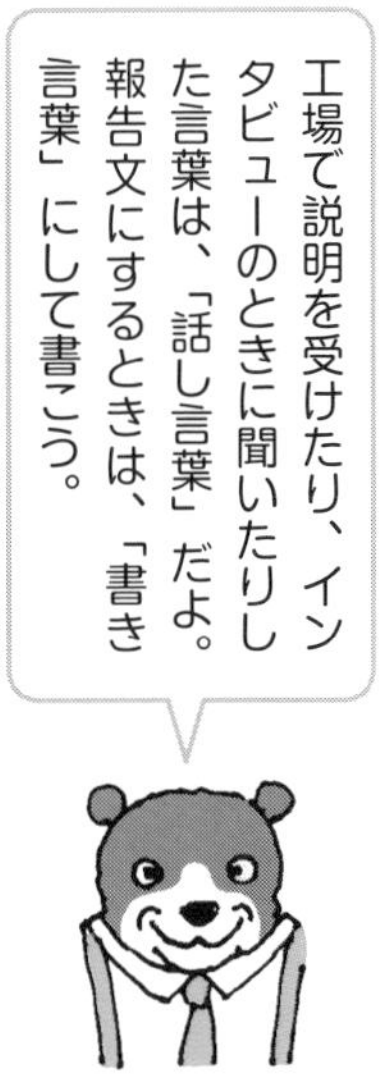

例
「それからとそうをするよ。」
←
「それからとそうをします。」

17 社会科見学の報告文《ほうこくぶん》を書く③

❶ 次の〈メモ〉と自動車工場でもらった〈パンフレット〉をもとに、ひなさんが〈報告文《ほうこくぶん》〉を書きました。後の問題に答えましょう。

(1) 〈ひなさんの報告文〉の□に見出し、(　)に合う言葉を書きましょう。うすい字はなぞりましょう。

(2) 〈ひなさんの報告文〉の□に入れるとよい図を〈パンフレット〉のア・イから選んで、□の□に記号を書きましょう。

〈見学メモ〉

・自動車をつくる工程《こうてい》…五つ
プレス→よう接《せつ》→とそう→組み立て→検査《けんさ》

①プレス…プレス機を使って鉄板を切り、大きな部品をつくる。ドアなど。
②よう接…ロボットが部品をよう接する。
③とそう…と料を四回重ねてぬる。
④組み立て…車体に、シートやエンジンなどを取り付けて組み立てる。
⑤検査…千こう目以上行う。

〈インタビューメモ〉

・質問《しつもん》
車をつくるうえでかんきょうに配りょしている取り組みはあるか。

・答え
・部品はリサイクルして使うようにしている。
・工場の屋根にソーラーパネルを取り付けて、太陽光を利用し、二酸化炭素《にさんかたんそ》のはい出をおさえている。

〈パンフレット〉

自動車工場にようこそ！

かんきょうにやさしい
エコカーの仕組みを
学ぼう！
イ

自動車ができるまでを
見学しよう！
ア

自動車ができるまで

川村《かわむら》　ひな

1　調べたことと調べた理由

わたしの家では、家族で出かけるときに、よく車を使います。その車がどのようにつくられているのか、知りたいと思いました。

2　［　　　　］

(1)　自動車のつくり方

自動車をつくる工程は、プレス、よう接、とそう、組み立て、検査の五つです。（まず、　　　　）。

次に、その部品をロボットがよう接して、車の形になります。それから、とそうをします。

と料を四回重ねてぬってきれいに仕上げます。（そして、　　　　）。

最後に、千こう目以上の（　　　　）をして、合格《ごうかく》した車だけが出荷《しゅっか》されます。

(2)　かんきょうに配りょした取り組み

この工場では、自動車の部品はリサイクルして使っているそうです。工場の屋根にはソーラーパネルを取り付けて、（　　　　）を利用し、二酸化炭素のはい出をおさえています。

3　調べた感想

安全な自動車をつくるために、千こう目以上の検査をしていると知っておどろきました。乗る人も、安全運転をしなくてはならないと強く思いました。

18 興《きょう》味《み》をもって取り組んでいることについて書く①

興味《きょうみ》をもって取り組んでいることについての文章の書き方

自分が興味をもって取り組んでいることについて文章を書くときは、次のような手順で書きましょう。

① 興味をもって取り組んでいることを一つ選ぶ。

② 選んだことについて次のような観点でふり返る。

・興味をもつようになったきっかけは何か。
・どんなところが楽しいか。
・見たり、聞いたり、取り組んだりしていると、どんな気持ちになるか。
・おすすめのポイントは何か。
・これからどうしたいか。どうなりたいか。（目標）

① 次のまん画を見て、あきらさんが興味をもって取り組んでいることについて、次ページの〈あきらさんのメモ〉を完成させましょう。

〈あきらさんのメモ〉

・興味をもって取り組んでいること

スケートボード

・興味をもつようになったきっかけは何か。

（　　　　）がやっていて、楽しそうだったから。

・どんなところが楽しいか。

すべっていると（　　　　）ところ。

・やっているとどんな気持ちになるか。

わざが決まったときは、（　　　　）気持ちになる。

・おすすめのポイントは何か。

（　　　　）がたくさんできるところ。

・これからどうしたいか。

もっと練習して、大会で（　　　　）したい。

2 **1**の〈あきらさんのメモ〉を見て、（　）に合う言葉を書き、〈あきらさんの文章〉を完成させましょう。

〈あきらさんの文章〉

今、ぼくが興味をもって取り組んでいることは、（　　　　）です。

興味をもつようになったきっかけは、一年前にいとこがやっているのを見て、（　　　　）だと思ったことです。

すべっているときは、とても気持ちがいいです。

また、（　　　　）ときは、とてもうれしい気持ちになります。

さらに、スケートボードをやっていると、同じようにスケートボードをやっている友達がたくさんできるのもおすすめポイントです。

これからは、もっと（　　　　）して、大会でゆう勝できるようになりたいです。

19 興味《きょうみ》をもって取り組んでいることについて書く②

① あなたが今、興味をもって取り組んでいることを書きましょう。

例 ○ しょうぎ

□

□

□

② ①で書いた中から、文章に書いて伝えたいことを一つ選んで、□に○を書きましょう。

どんなところが楽しいかや、やっているときの気持ちを具体的に思いうかべられることを選ぶといいよ。

③ ②で選んだことについて、質問《しつもん》に答えながらくわしく思い出して、〈メモ〉を書きましょう。

〈メモ〉

・興味をもつようになったきっかけは何か。

・どんなところが楽しいか。

・やっているとどんな気持ちになるか。

・おすすめのポイントは何か。

・これから、どうしたいか。

4 ③で〈メモ〉に書いたことをもとに、あなたが今、興味をもって取り組んでいることを、しょうかいする文章を書きましょう。

▼合うほうを◯で囲《かこ》もう。

今、（わたし・ぼく）が興味をもって取り組んでいることは、（　　　　　　　　　）です。

興味をもつようになったきっかけは、（　　　　　　　　　）です。

「また」「さらに」「そして」などの接続《せつぞく》語《ご》を使って、文章の流れをはっきりさせてみよう！

20 将来《しょうらい》の夢《ゆめ》について書く①

将来《しょうらい》の夢《ゆめ》の書き方

「将来の夢」について書くときには、今の自分をよくふり返り、夢をかなえるためにどうしたいのかを示《しめ》しましょう。

次のような手順で考えよう。

① なりたいものや、やりたいことを考える。

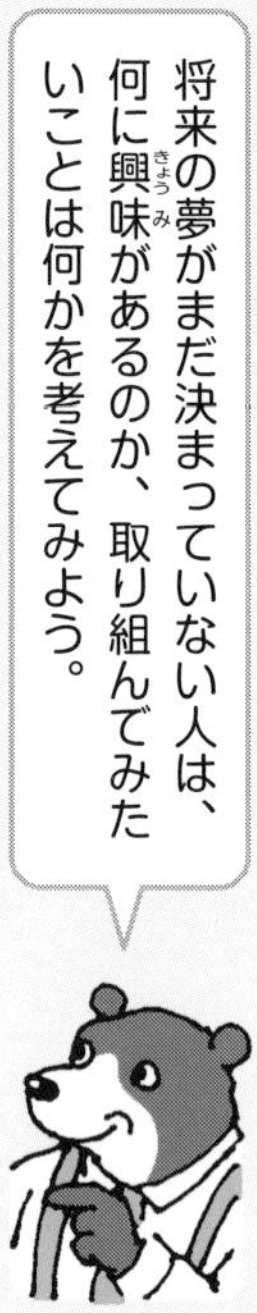

② 夢についてくわしく考える。
- ・なぜその夢をもったのか。
- ・夢がかなったら、具体的にどんなことをしたいか。
- ・夢を実現《じつげん》するために、これからどんなことをするつもりか。

① 次のまん画を見て、ひなさんの将来の夢について、（　）に合う言葉を書きましょう。

③〈構成《こうせい》メモ〉を書く。

◆〈構成メモ〉の書き方

はじめ	中	終わり
・将来の夢は何か。 ・その夢をもつようになった理由。	・夢がかなったら、具体的にどんなことをしたいか。	・夢を実現するために、これからどんなことをするつもりか。

④〈構成メモ〉をもとに文章にまとめる。

・図書館司書になりたい理由

学校図書館の司書の先生に、おもしろい本を（　　　　）してもらって、司書の仕事に興味をもったから。

・図書館司書になったら、どんなことをしたいか。

子どもたちに本を（　　　　）になってもらえるように、たくさん本をしょうかいしたい。司書の先生にふだん読まないような本をしょうかいしてもらって、本の世界が広がった。同じように、子どもにいろいろな本のおもしろさを伝えて、子どもたちの（　　　　）を広げたい。

・図書館司書になるために、これからどんなことをするつもりか。

いろいろなジャンルの本をたくさん読んで、本についてのはば広い（　　　　）を身につけたい。

21 将来《しょう》《らい》の夢《ゆめ》について書く②

1 〈ひなさんの構成《こうせい》メモ〉を見て、〈ひなさんの文章〉の（　）に入る言葉を書き、文章を完成させましょう。

〈ひなさんの構成メモ〉

はじめ

・将来《しょうらい》の夢《ゆめ》は図書館司書。

・図書館の司書の先生に、おもしろい本をしょうかいしてもらって、司書の仕事に興味《きょうみ》をもったから。

中

・子どもたちに本を好きになってもらえるように、たくさんの本をしょうかいしたい。

・司書の先生にふだん読まないような本をしょうかいされて、本の世界が広がった。

・いろいろな本のおもしろさを伝えて、子どもたちの本の世界を広げたい。

終わり

・いろいろなジャンルの本をたくさん読んで、本についてのはば広い知識《ちしき》を身につけたい。

〈ひなさんの文章〉

はじめ

わたしの将来の夢は、（　　　　）になることです。図書館の司書の先生におもしろい本をしょうかいしてもらって、司書の仕事に興味をもったからです。

中

もし司書になったら、子どもたちに本を好きになってもらえるように、たくさんの本を（　　　　）したいです。わたしは、司書の先生にふだん読まないような本をしょうかいされて、本の世界が広がりました。同じように、いろいろな本の（　　　　）を伝えて、子どもたちの本の世界を広げたいです。

終わり

そのために、いろいろなジャンルの本をたくさん読んで、本についての（　　　　）知識を身につけていきたいです。

2 あなたの将来の夢を書きましょう。

職業《しょくぎょう》ではなく、「うちゅうに行ってみたい」「自給自足の生活をしたい」など、したいことや、してみたい生き方を書いてもいいよ。

3 次の質問《しつもん》に答えながら、あなたの将来の夢について考えてみましょう。

・どんなきっかけがあって、その夢をもつようになったのか。

・夢がかなったら、具体的にどんなことをしたいか。

・右のことをしてみたいのは、どうしてか。

・夢を実現《じつげん》するために、これからどんなことをするつもりか。

ここで考えたことをもとに、〈構成メモ〉を書いて、文章にまとめていくよ。

22 将《しょう》来《らい》の夢《ゆめ》について書く ❸

❶ あなたの将来《しょうらい》の夢《ゆめ》について、45ページで書いたことを〈構成《こうせい》メモ〉にまとめましょう。

〈構成メモ〉

はじめ	◀将来の夢は何かを書こう。 ◀その夢をもつようになった理由を書こう。
中	◀夢がかなったらどんなことをしたいか、なぜしたいかなどを具体的に書こう。
終わり	◀夢を実現《じつげん》するために、これからどんなことをするつもりかを書こう。

2 **1**の〈構成メモ〉を見て、文章を書きましょう。

◀合うほうを◯で囲《かこ》もう。

◀あなたの将来の夢は何かを書こう。

（わたし・ぼく）の将来の夢は、（　　　　　　　　）です。

「はじめ」「中」「終わり」の組み立てを意識《いしき》して書けたかな？

23 調べたことを書く①

意見文や報告文《ほうこくぶん》を書くための情報《じょうほう》の集め方

自分の意見や考えを説明するときには、客観的な情報を集めて、それを用いて説明することで、説得力《せっとくりょく》をもたせることができます。
情報の集め方を見ていきましょう。

◆情報の集め方や調べ方とその特ちょう

集め方・調べ方	特ちょう
図書館などの本で調べる。	・専門家《せんもんか》の意見を知ることができる。 ・情報は信らいできるものが多い。
インターネットで調べる。	・世界の最新の情報を簡単《かんたん》に調べられる。
インタビューする。	・質問《しつもん》や疑問《ぎもん》をその場で聞くことができる。 ・相手の考えや思いを聞くことができる。
アンケートを取る。	・一度にたくさんの人の意見を聞くことができる。
実際《じっさい》に見て調べる。	・色や形、大きさなど、実際の様子がわかる。

❶ 次の文は、どの情報の集め方の説明でしょう。[ ]から選んで、( )に記号を書きましょう。(二回使う記号もあります。)

( ) 最新の情報を知ることができる。

( ) 信らいできる情報を得《え》ることができる。

( ) クラスの人の意見を一度に聞くことができる。

( ) 自宅《じたく》で簡単に調べることができる。

( ) わからないことは、その場で質問することができる。

ア 図書館などの本で調べる。
イ インターネットで調べる。
ウ インタビューする。
エ アンケートを取る。

◆情報を集めるときに注意すること

- 本は、出版《しゅっぱん》されてから時間がたっていると、情報が古くなっている可能性《かのうせい》があるので、いつの情報かを確認《かくにん》する。
- インターネットの情報は、不正確な場合もあるので、複数《ふくすう》のウェブサイトで確認したり、信らいできるウェブサイトかどうかを確《たし》かめたりする。
- 調べた情報を使うときは、自分の意見や考えを支《ささ》える情報を選ぶ。

2 あきらさんは、小学生のインターネットとのつき合い方について調べて、報告《ほうこく》する文章を書くことにしました。次のあきらさんの考えを読んで、使うとよい資料《しりょう》をア～エから二つ選び、記号を○で囲《かこ》みましょう。

ア

小学生のインターネットの利用時間（平均《へいきん》１日当たり）

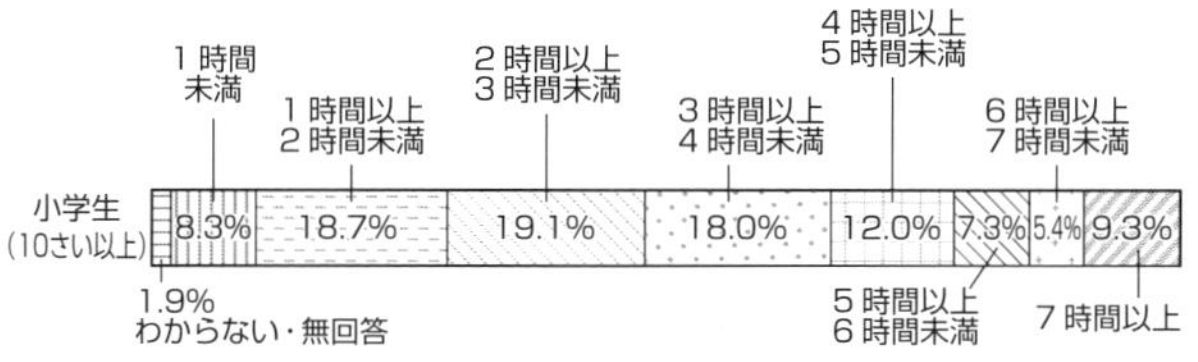

イ

坂《さか》の上《うえ》小学校５年生が１日にゲームをする時間のアンケート結果

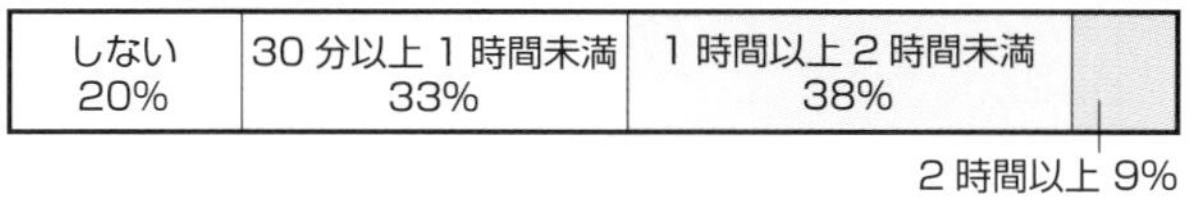

ウ

青少年のインターネットの利用内容《ないよう》

	投稿《とうこう》やメッセージを交換《こうかん》する	検索《けんさく》する	音楽を聴《き》く	動画を見る	ゲームをする	勉強をする
小学生（10さい以上）	38.2%	65.8%	50.8%	84.2%	84.5%	55.8%
中学生	72.2%	82.3%	79.4%	91.3%	81.1%	64.5%

エ

0～6さい児のインターネットの利用率《りつ》

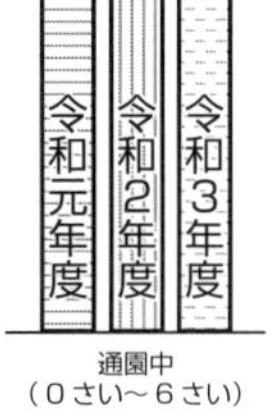

※ア・ウ・エは、「令和３年度　青少年のインターネット利用環境実態《かんきょうじったい》調査《ちょうさ》　調査結果（速報）」（内閣府《ないかくふ》）をもとに作成。

24 調べたことを書く②

資《し》料《りょう》を活用して文章を書く方法①

意見文や報告文《ほうこくぶん》などを書くときには、資料をもとにすることで、説得力《せっとくりょく》のある文章を書くことができます。

次のような点に注意して資料を読み取り、活用しましょう。

◆資料を活用するときに注意すること

- ●資料の数値《すうち》が大きいところや小さいところ、全体のけい向などに注目する。
- ●複数《ふくすう》の資料があるときは、関連づけられるところがないか考える。
- ★自分の考えに都合よく資料を関連づけないように注意する。

資料から読み取ったことはメモにまとめておこう。後で整理しやすいよ。

ぼくは、次の二つの資料を読み取って〈メモ〉にまとめたよ。

例　小学生のインターネットとの付き合い方について。

❶ ひなさんは、次の資料を見てわかることを〈ひなさんのメモ〉に書きました。（　）に合う言葉や数字を書きましょう。また、合う言葉を○で囲《かこ》みましょう。

図書館数の推移《すいい》

平成11年度	2,592　館
14	2,742
17	2,979
20	3,165
23	3,274
27	3,331
30	3,360
令和3	3,400

文部科学省「令和3年度社会教育調査《ちょうさ》の中間報告《ほうこく》」をもとに作成

国民1人当たりの貸《か》し出《だ》し冊数《さっすう》・貸し出し回数の推移

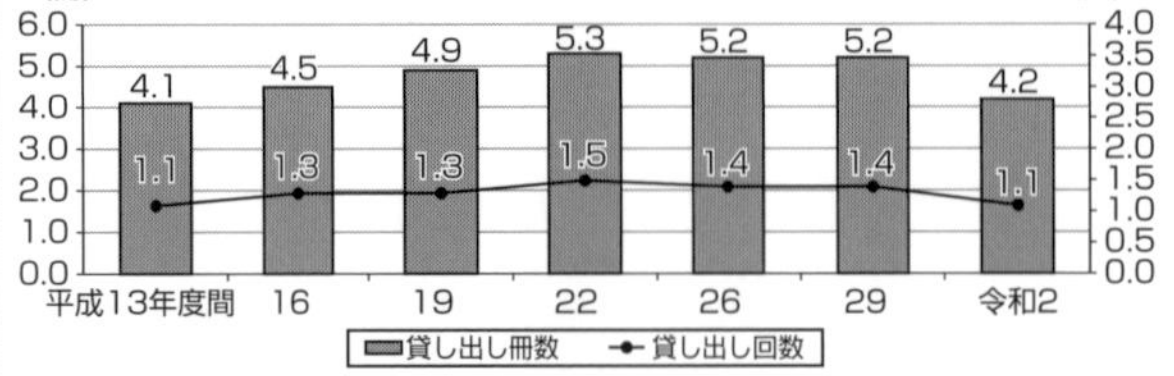

文部科学省「令和3年度社会教育調査の中間報告」をもとに作成

〈ひなさんのメモ〉

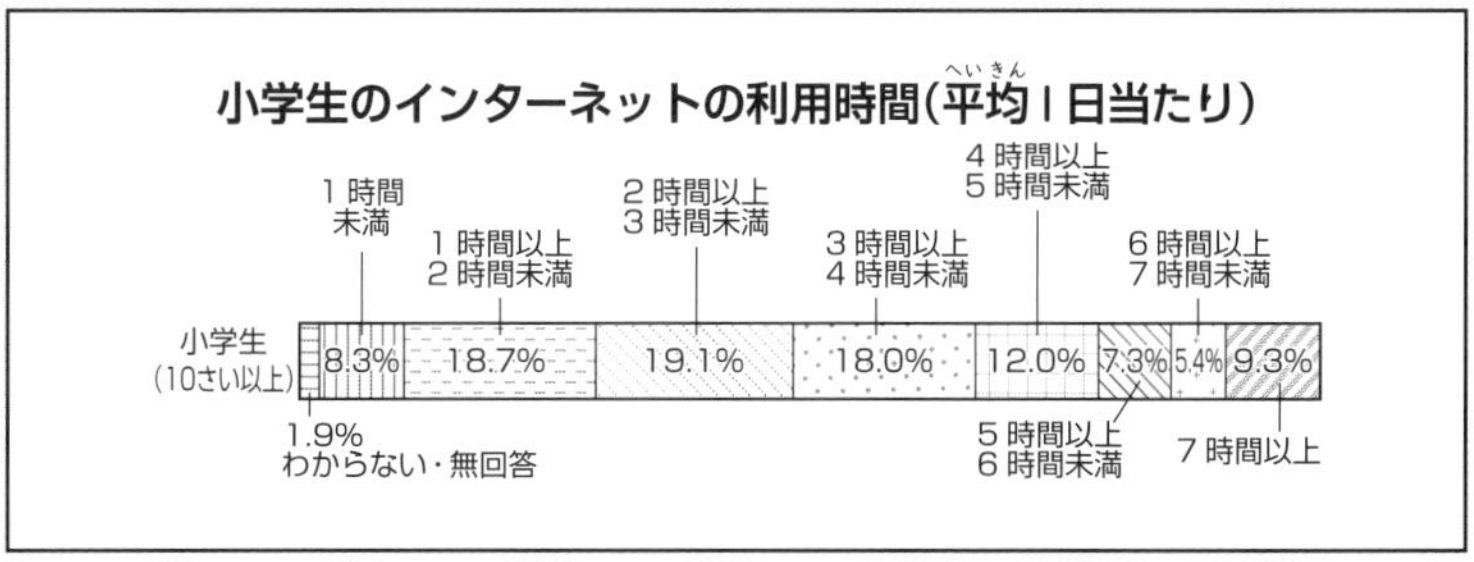

青少年のインターネットの利用内容《ないよう》

	投稿《とうこう》やメッセージを交換《こうかん》する	検索《けんさく》する	音楽を聴《き》く	動画を見る	ゲームをする	勉強をする
小学生(10さい以上)	38.2%	65.8%	50.8%	84.2%	84.5%	55.8%
中学生	72.2%	82.3%	79.4%	91.3%	81.1%	64.5%

〈あきらさんのメモ〉

・小学生の平均一日当たりのインターネット利用時間
一時間以上二時間未満……18.7%
二時間以上三時間未満……19.1%
三時間以上四時間未満……18.0%
四時間以上………………34.0%

・小学生のインターネットの利用内容
ゲームをする・動画を見る……約84%以上

・わかったこと
一日に二時間以上インターネットを利用している小学生は約70%以上。80%以上の小学生が、ゲームをしたり、動画を見たりしている。

・図書館の数……平成十一年度は（　　）館だったのが、令和三年度には（　　）館になり、この間におよそ八〇〇館増《ふ》えている。

・国民一人当たりの本の貸し出し冊数……平成二十二年度には（　　）さつだったのが、令和二年度には四・二さつになり、十年間でおよそ（　　）さつ減《へ》っている。

・国民一人当たりの本の貸し出し回数……平成二十二年度は一・五回だったのが、令和二年度には（　　）回に減っている。

・わかったこと……　▼合うほうを〇で囲もう。
図書館数は（増えた・減った）のに、図書館の本の利用は（増えて・減って）いる。

25 調べたことを書く③

資料《しりょう》を活用して文章を書く方法②

資料をもとに自分の意見を書くときには、次のような構成《こうせい》でまとめましょう。

はじめ	中	終わり
・何について調べたか。 ・調べたきっかけ。	・調べた内容《ないよう》。 ・調べてわかったこと。	調べてわかったことをふまえた自分の考え。

◆資料をもとに文章を書くときは、根きょをはっきりさせることが大切だよ。次のことをはっきりと書こう。

●どの資料からわかることか。

●資料の中の数値《すうち》や言葉。

1 ひなさんは、給食の残菜が出ることが気になって、残菜がどうなるのか調べ、次のような資料を集めました。後の問題に答えましょう。

〈資料〉

児童・生徒1人当たりの年間食品はいき物発生量
（平成25年度推計《すいけい》）

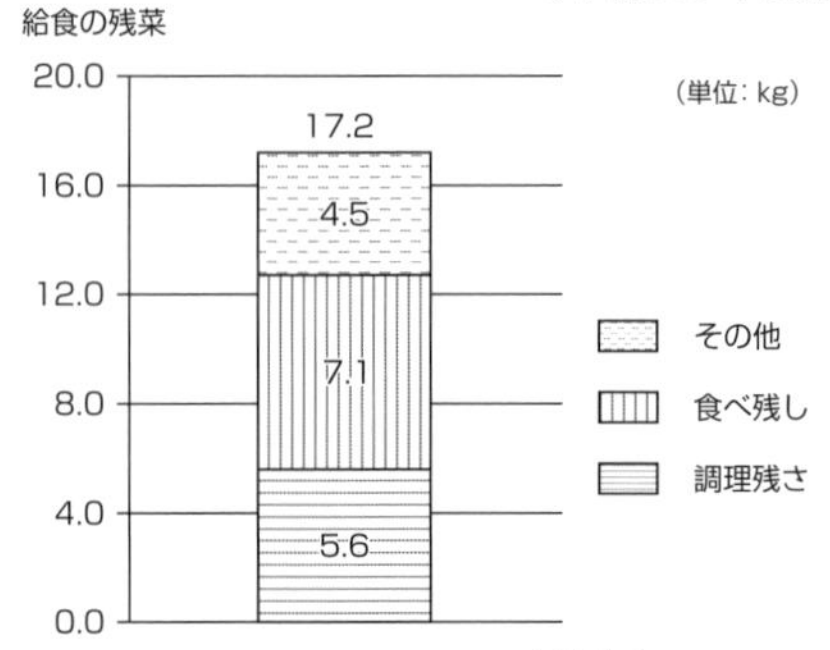

環境省《かんきょうしょう》ホームページより

給食残菜の処理《しょり》方法の割合《わりあい》

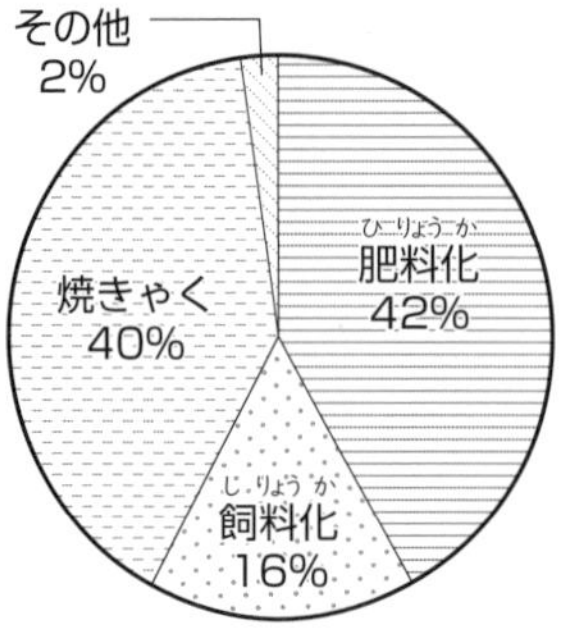

「坂《さか》の上《うえ》市市報《しほう》」より

(1) 調べたことをもとに意見文の〈構成《こうせい》メモ〉を書きました。〈資料〉を見て、〈ひなさんの構成メモ〉の（　）に合う言葉を書きましょう。

〈ひなさんの構成メモ〉

はじめ

・給食の残菜がどうなるのか。
・毎日少しずつ残菜が出るのが気になった。

中

・「児童・生徒一人当たりの年間食品はいき物発生量」
…年間一人当たり（　　）kg
・坂の上市市報「給食残菜の処理方法の割合」
肥料化…（　　）%
飼料化…（　　）%
（　　）…四十%

終わり

一人当たりかなりの残菜が出ていておどろいた。焼きゃくされるのはもったいない。給食を残さない取り組みをもっと進めていく必要がある。

(2) 〈ひなさんの構成メモ〉を見て、〈ひなさんの意見文〉の（　）に合う言葉を書きましょう。

〈ひなさんの意見文〉

わたしたちのクラスでは、給食の残菜が毎日少しずつ出ます。それが気になったので、給食の残菜がどうなるのかについて調べてみました。

「児童・生徒一人当たり年間食品はいき物発生量」によると、給食の残菜は、年間で、一人当たり（　　）kg出ています。また、坂の上市の（　　）の「給食残菜の処理方法の割合」によると、坂の上市では、残菜のうち、（　　）%が肥料、十六%が（　　）としてリサイクルされます。残りの（　　）%が焼きゃくされてしまいます。

一人当たりかなりの残菜が出ていることにおどろきました。食べられるものが焼きゃくされるのはとてももったいないので、（　　）をもっと進めていく必要があると感じました。

❶ あきらさんは、日本がエネルギーのほとんどを外国にたよっていると知り、日本のエネルギーについて調べて文章にまとめることにしました。次の〈資《し》料《りょう》〉を見て、後の問題に答えましょう。

〈資料〉

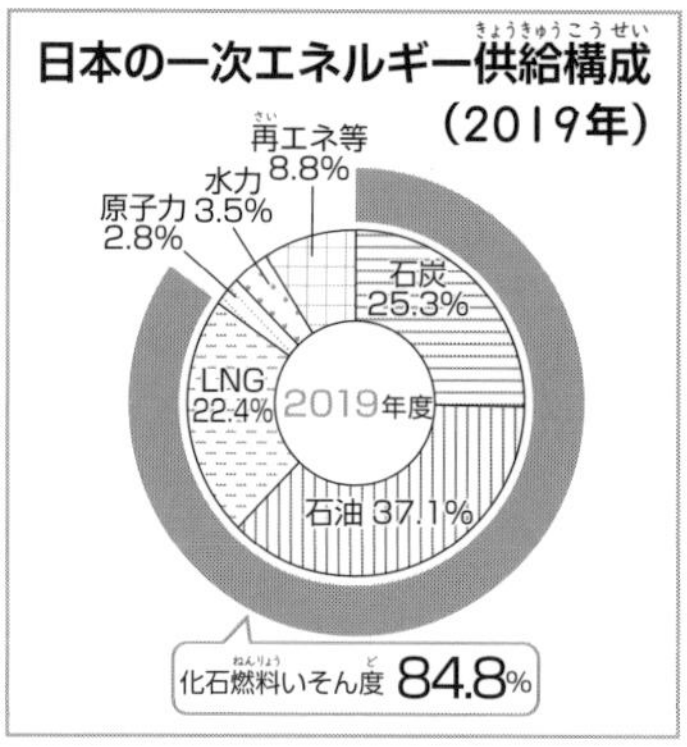

※四捨五入の関係で，合計が100%にならない場合がある。
※LNG…液化《えきか》天然ガス
※再エネ等…水力をのぞく地熱，風力，太陽光など

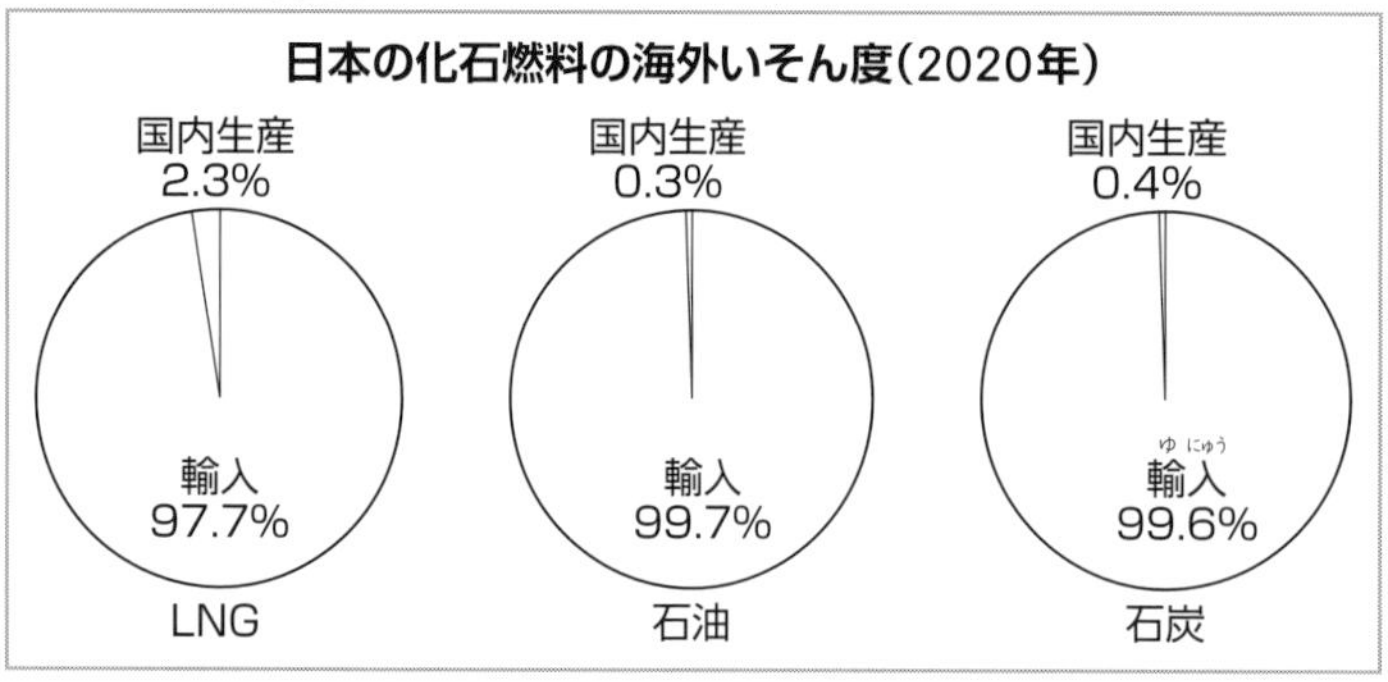

※資料はいずれも経済産業省《けいざいさんぎょうしょう》資源《しげん》エネルギー庁《ちょう》のデータをもとに作成。

（1）〈資料〉をもとに、〈構成《こうせい》メモ〉の（　）に合う言葉を書きましょう。

〈構成メモ〉

はじめ

・何について調べたか・調べたきっかけ
・日本のエネルギーについて。
・ほとんど外国にたよっていると知ったから。

中

・調べた内容《ないよう》・調べてわかったこと
・「日本の一次エネルギー供給構成」
石炭…（　　　）%
石油…三十七・一%　LNG…二十二・四%
・日本が化石燃料にいそんしている割合《わりあい》（二〇一九年度）…（　　　）%
・化石燃料をどれくらい輸入しているか（二〇二〇年）
石炭…九十九・六%
石油…（　　　）%
LNG…九十七・七%

終わり

・調べてわかったことをふまえた自分の考え
（　　　　　　　　）

(2) (1)の〈構成メモ〉にまとめたことをもとにして、（　）に合う内容を書き、意見文を完成させましょう。

何について調べたか・調べたきっかけ

日本は、エネルギーのほとんどを外国にたよっていると知り、日本のエネルギーについて調べることにしました。

調べた内容・調べてわかったこと

「日本の一次エネルギー供給構成」によると、日本で使われている主なエネルギーとその割合は、石炭が二十五・三％、石油が（　　　）％、ＬＮＧが二十二・四％で、これらを合わせると、日本が化石燃料にいそんしている割合は、（　　　）％になります。

では、日本はこれらの化石燃料をどのように得《え》ているのでしょうか。「日本の化石燃料の海外いそん度」によると、

（　　　　）

◀化石燃料がほとんど輸入されていることがわかるように、数値《すうち》を挙げて説明しよう。

調べてわかったことをふまえた自分の考え

（　　　　）

◀調べてわかったことをふまえた考えを書こう。

調べたことを根きょとして示《しめ》しているから、説得力《せっとくりょく》のある文章になったね。

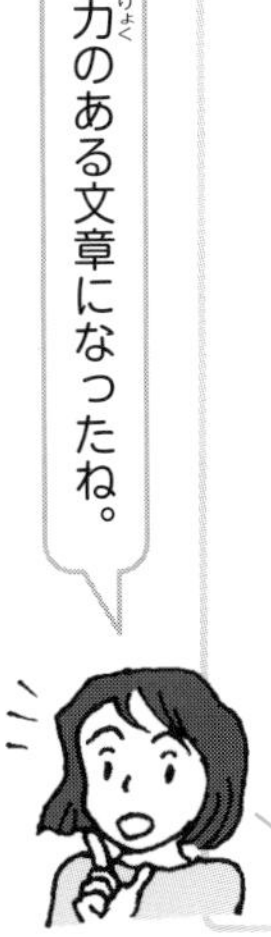

27 気になるニュースを伝える①

自分が新聞記事を読んで、興味《きょうみ》をもったニュースについてしょうかいするときには、どんなニュースで、どのように感じたかをはっきり伝えましょう。

新聞のニュースについて伝えるときの書き方

◆新聞記事の構成《こうせい》をおさえて、「いつ」「どこで」「だれが」「何を」「なぜ」「どのように」などのポイントを中心にとらえる。

◆自分がいちばん印象《いんしょう》に残ったのはどんなことか、それはなぜかを考える。

◆その記事を読んで感じたこと、考えたこと、学んだことは何かを考える。

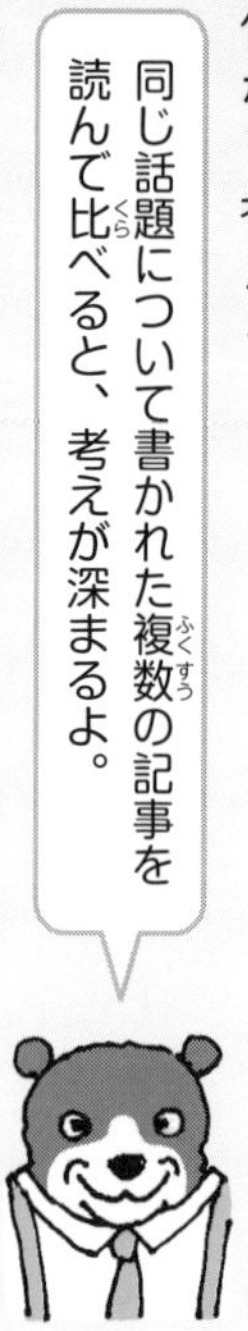

◆文章は、次のような構成でまとめるとよい。

はじめ	何のニュースについてか
中	・記事の内容《ないよう》 ・印象に残ったこととその理由
終わり	まとめ・感想や考え

〈新聞記事の構成の例〉

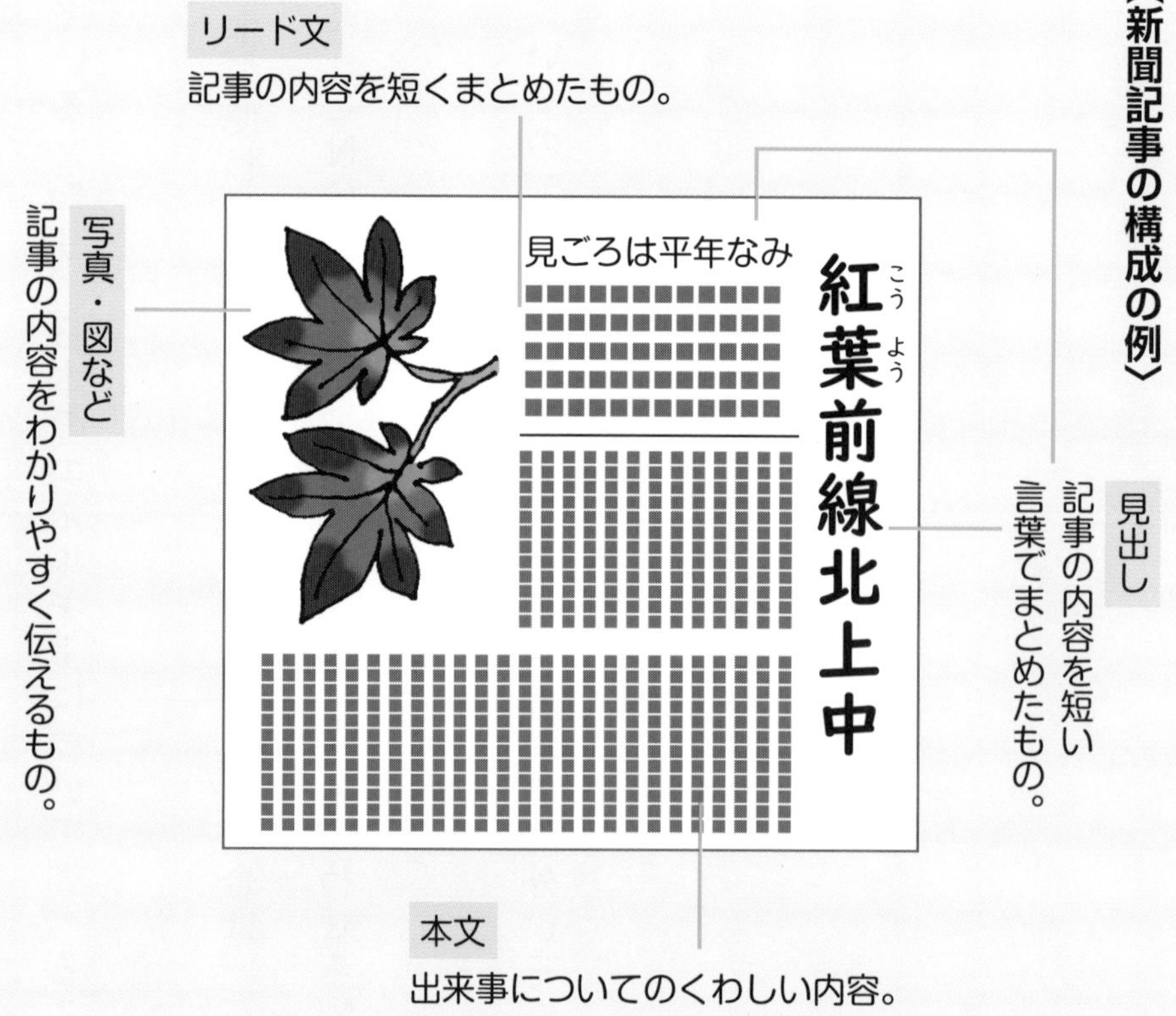

1 次の新聞記事を読んで問題に答えましょう。

しぼりかすや傷《きず》ついた実《み》 廃棄《はいき》せず活用《かつよう》

環境《かんきょう》にやさしいりんごレザー

長《なが》野《の》県《けん》飯綱町《いいづなまち》で共同開発《きょうどうかいはつ》が進《すす》む

動物《どうぶつ》の皮《かわ》ではなく、植物《しょくぶつ》を原料《げんりょう》に使《つか》った「ビーガンレザー（人工《じんこう》の革《かわ》）」が登場《とうじょう》し、注目《ちゅうもく》されています。長野県飯綱町《ながのけんいいづなまち》で、りんごレザー作《づく》りに取《と》り組《く》む会社《かいしゃ》SORENA《ソレナ》の伊藤優里《いとうゆり》さんに聞《き》きました。（戸井田紗耶香《といださやか》）

原料《げんりょう》にまぜてバッグや財布《さいふ》、座席《ざせき》シートに

りんごジュースやりんごのお酒作りで出るしぼりかす

りんごの粉

りんごレザーは、りんごの皮《かわ》やしんなどを乾燥《かんそう》させて、粉《こな》にしたものが原料《げんりょう》の一部《いちぶ》に使《つか》われます。伊藤《いとう》さんが飯綱町《いいづなまち》やメーカーの共和《きょうわ》レザーと共同《きょうどう》で開発《かいはつ》するりんごレザーは、りんごの配合率《はいごうりつ》が多《おお》いのが特徴《とくちょう》です。「長《なが》野《の》県《けん》は全国《ぜんこく》でも有数《ゆうすう》のりんごの産地《さんち》。飯綱町《いいづなまち》は、りんごジュースやシードル（りんごのお酒《さけ》）作《づく》りがさかんで、たくさんのしぼりかすが出《で》ます。これらを活《かつ》用《よう》して環境《かんきょう》にやさしい革《かわ》を作《つく》ることを目指《めざ》しています」と伊藤《いとう》さん。

傷《きず》のついたりんごや、形《かたち》が悪《わる》くて売《う》れないりんごも材料《ざいりょう》にするそうです。「工場《こうじょう》でりんごレザーを焼《や》きあげる工程《こうてい》では、アップルパイの香《かお》りがするんですよ」と笑《わら》います。来年《らいねん》4月の商《しょう》品化《ひんか》を目指《めざ》しています。

伊藤《いとう》さんは元々《もともと》、ジャムなどを作《つく》る食品加工《しょくひんかこう》の会社《かいしゃ》で働《はたら》いていました。せっかく仕入《しい》れたフルーツも、暑《あつ》さなどで傷《いた》むと捨《す》てなければならず、食品廃棄《しょくひんはいき》の問題《もんだい》に心《こころ》を痛《いた》めてきました。りんごレザーを通《とお》して「捨《す》てられてしまうりんごが、職人《しょくにん》の高《たか》い技術力《ぎじゅつりょく》で商品《しょうひん》に姿《すがた》を変《か》えることは本当《ほんとう》にうれしい」と話《はな》します。

農家《のうか》の思《おも》いも知《し》って

「りんご農家《のうか》の人《ひと》たちは、まるで赤《あか》ちゃんを育《そだ》てるように細《こま》やかに世話《せわ》をして、りんごを育《そだ》てています。それでも、鳥《とり》につつかれたり、日《ひ》に焼《や》けてしまったりして売《う》れないりんごはできてしまう。そうした生産者《せいさんしゃ》の苦《く》労《ろう》やよろこびも知《し》ってほしいですね」

「朝日小学生新聞」二〇二二年十月六日 より

(1) だれが、どこで、何をしていることについての記事でしょう。

だれ……SORENA《ソレナ》の伊藤《いとう》さん

どこ……（　　）県飯綱町《いいづなまち》

何をしている……（　　）を、町やメーカーと共同開発している。

(2) どのような革《かわ》を作ることを目指しているのでしょう。

りんごジュースの（　　）などを活用した、（　　）革。

(3) 伊藤さんは、どんなことをうれしいと思っているでしょう。

傷《きず》がついたり、形が悪かったりして売れず、（　　）りんごが、（　　）に姿《すがた》を変えること。

28 気になるニュースを伝える②

❶ 57ページの記事について、ひなさんたちが話しています。やり取りを読んで、記事をしょうかいする文章を書くための〈構成《こうせい》メモ〉を書きましょう。

記事を読んで、印象《いんしょう》に残ったことはある？

りんごで革《かわ》を作るということにびっくりしたよ。りんごで革が作れるなんて、初めて知ったから。

農家の人が、りんごを大切に育てていることがわかったよ。売れないりんごが革に生まれ変わったら、きっとうれしいと思うよ。

記事を読んで、どんなことを考えた？

ふつうなら捨《す》てられてしまうしぼりかすや、傷《きず》ついた実を使うんだから、本当に環境《かんきょう》にやさしい製品《せいひん》といえるよね。

このような取り組みがもっと増《ふ》えるといいね。

〈構成メモ〉

はじめ	中		終わり
何のニュースについてか	記事の内容《ないよう》	印象に残ったことその理由	まとめ・感想や考え
りんごレザーについて。	SORENA《ソレナ》という会社の（　　　）さんは、長野県（　　　）で、町やメーカーとりんごレザーを共同開発している。りんごジュースのしぼりかすなどを活用した（　　　）にやさしいかわを作ることを目指している。		◀記事を読んで感じたこと、考えたこと、学んだことを書こう。

2 **1**の〈構成メモ〉にまとめたことをもとに、記事をしょうかいする文章を完成させましょう。

何のニュースについてか

▼合うほうを◯で囲《かこ》もう。

（ぼく・わたし）は、「（　　　　）」の記事についてしょうかいします。

記事の内容

▼記事の内容を書こう。

この記事では、

ことが書かれています。伊藤さんは、リンゴジュースのしぼりかすなどを活用した、環境にやさしいかわを作ることを目指しています。

印象に残ったこととその理由

記事を読んで印象に残ったのは、

▼印象に残ったこととその理由を書こう。

まとめ・感想や考え

▼記事を読んで感じたこと、考えたこと、学んだことを書こう。

最後に、「みなさんも、ぜひ記事を読んでみてください。」など、おすすめする言葉を書いてもいいよ。

29 文章を読んで意見文を書く❶

文章を読んで書く意見文の書き方

文章を読んで自分の意見を伝える文章を書くときは、次のような手順で考えましょう。

① 文章で述《の》べられている筆者の主張《しゅちょう》を読み取る。

文末表現《ひょうげん》にも気をつけて、事実か考えかを読み分け、主張をとらえよう。

「〜と思う。」「〜と考える。」「〜べきだ。」などの文末は筆者の考えを述べているね。

② 文章のテーマについて、自分の体験や見聞の具体例をさがそう。

テーマについての自分の体験や見聞が、自分の主張の根きょになるよ。見つけたら、メモに書いておこう。

❶ 次の文章を読んで、問題に答えましょう。

ぼくは「好きなもののことを楽しく話せるのが、友だちの基本《きほん》だ」と考えています。

好きなものの話題で盛《も》り上がれる相手は、それだけでも「一緒《いっしょ》にいて楽しい、共感できる」という友だちの条件《じょうけん》をそなえています。

だから、自分の「好き」を大事にしてください。

友だちになるきっかけは、いろいろなところにあります。

（中略《ちゅうりゃく》）

「好きなものが同じだね」というのはいいきっかけです。

持っているものややっていることが一緒だと、うちとけるまでの時間が早い。気も合いやすい。

ぼくが、中学、高校、大学、大学院とずっと一緒だった友だちと親しくなったきっかけは、石川啄木《いしかわたくぼく》の短歌でした。

中学のときの国語の授業《じゅぎょう》で、ふたりひと組で発表する、という機会があったんです。

ぼくが選んだのは、

「こころよく我《われ》にはたらく仕事あれ　それを仕遂《しと》げて死なむと　思ふ」

③ 体験や見聞をもとに、自分の考えをはっきりさせよう。

◆文章を読んで意見文を書くときは、次のような構成《こうせい》でまとめるとよい。

はじめ	筆者の主張とそれをふまえた自分の主張
中	主張の根きょになる、自分の体験や見聞の具体例
終わり	まとめと自分の主張

「はじめ」と「終わり」で、主張をはっきりと伝えるんだね。

意見文の文章構成は、次の三つがあるよ。今回はウの型《かた》で書こう。

意見文の文章構成

ア 意見を「はじめ」で述べる。
イ 意見を「終わり」で述べる。
ウ 意見を「はじめ」と「終わり」で述べる。

という歌。
彼《かれ》も同じ歌を選んでいた。
ぼくらは「この歌が好き」という共通点で、チームを組むことになった。
ふたりで一緒に啄木のことや歌の背景《はいけい》を調べる課題をやった時間が、すごく楽しかったんです。

『友だちってなんだろう?』齋藤孝著《さいとうたかしちょ》（誠文堂新光社《せいぶんどうしんこうしゃ》）

(1) 何について書かれた文章でしょう。

友だちになる（　　　　）について。

(2) 筆者の主張はどんなことですか。

（　　　　）であることは、友だちができるよいきっかけであるということ。

(3) 筆者は、(2)の根きょとしてどんなことを挙げていますか。

同じ（　　　　）が好きだったことがきっかけで、（　　　　）ができた体験。

最初の文に注目しよう。「ぼくは〜考えています。」と筆者の考えが述べられているよ。

30 文章を読んで意見文を書く②

❶ 60～61ページの文章を読んで、「友達《ともだち》になるきっかけ」について、あなたの考えをまとめましょう。

(1) あなたは、友達と、どんなことがきっかけで親しくなりましたか。あなたの体験を書きましょう。

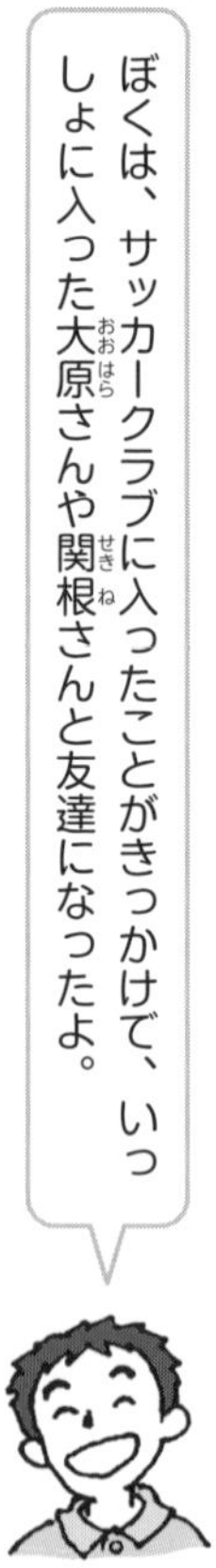

(2) あなたは、「好きなものが同じであることは、友達になるよいきっかけである」という筆者の考えについてどう思いますか。

(3) 「友達になるきっかけ」について、筆者の考えや、あなたの体験をふまえて、あなたの考えを書きましょう。

2 **1**で書いたことをもとに、「友達になるきっかけ」について、あなたの考えを文章に書きましょう。

「はじめ」には、筆者の主張《しゅちょう》と、自分の主張を書こう。

文章の中で、筆者は、「好きなものが同じであることは、友だちになるよいきっかけになる」と述《の》べています。

「中」には、主張の根きょになる、体験や見聞を具体的に書こう。

「終わり」には、もう一度主張を書こう。

考えは、「〜と考えます。」「〜と思います。」など、考えだとわかる文末表現《ひょうげん》を使って書こう。

31 立場を決めて意見文を書く①

立場を決めて意見文を書くときの書き方

立場を決めて意見文を書くときには、読む人が納得《なっとく》するように説得力《せっとくりょく》をもたせることが大切です。次のように考えましょう。

① 自分の立場（主張《しゅちょう》）を決める。

対立する立場のどちらかに決める場合は、それぞれの立場のいいところ、よくないところを考えて決めよう。

② 自分がその立場に決めた理由を考える。
・読む人が納得するように具体的な根きょを示《しめ》そう。

③ 他の立場から考えを見直して、予想される反論《はんろん》と、反論に対する考えをまとめる。

自分とはちがう立場の人になったつもりで反論を考えてみると、自分の考えも深まるよ。

④ 〈構成《こうせい》メモ〉を考える。

⑤ 意見文を書く。

---

1 「本を読むときは、図書館で借りるのがよいか、買うのがよいか」というテーマについて、あなたの考えに合う立場に○を書きましょう。

（　　）図書館で借りるのがよい。

（　　）買うのがよい。

ぼくは、図書館で借りるのがいいと思う！

2 1のように考える理由と根きょを書きます。主張を支《ささ》える理由と、読む人が納得するような具体的な根きょを、あなたの体験や、見聞きしたことからさがして書きましょう。

・理由

・根きょ

次のページの〈あきらさんの例〉も参考にしよう。

3 2で考えた理由に対して予想される反論と、それに対するあなたの考えを書きましょう。

〈あきらさんの例〉

● **立場**　図書館で借りるのがよい。

● **理由**　ふだん読まないような本も気軽に借りられるので、本との新しい出会いが増《ふ》えるから。

● **根きょ**　図書館でおすすめされていた本を借りて読んでみたら、とてもおもしろかった。

● **予想される反論**
本屋さんでも、いろいろな本をおすすめしているので、本との出会いは増える。

● **予想される反論に対する考え**
本屋さんに置いてある本は新しいものが多い。図書館なら古い本も置いてあるので、よりはば広い出会いがあるのではないか。

● 予想される反論

● 予想される反論に対する考え

32 立場を決めて意見文を書く②

❶「本を読むときは、図書館で借りるのがよいか、買うのがよいか」というテーマについて、64・65ページで書いたあなたの意見を〈構成《こうせい》メモ〉にまとめましょう。

〈構成メモ〉

はじめ	中		終わり
主張《しゅちょう》	理由と根きょ	予想される反論《はんろん》とそれに対する考え	まとめ・主張
◀合うほうを〇で囲《かこ》もう。 本を読むときは、（図書館で借りる・買う）のがよい。	理由（　） 根きょ（　）	反論（　） 反論に対する考え（　）	◀理由のどんな点が主張につながるかをふまえて、主張をもう一度書こう。 （　）という点から、本を読むときは、（　）のがよい。

❷ ❶の〈構成メモ〉を見て、意見文を書きましょう。

ぼくはこんなふうに書いたよ。

〈あきらさんの意見文〉

主張

ぼくは、本を読むときは、図書館で借りるのがよいと思います。

理由と根きょ

なぜなら、ふだん読まないような本も気軽に借りられるので、本との新しい出会いが増《ふ》えるからです。先日、図書館でおすすめしていた本を借りて読んでみたら、とてもおもしろかったです。図書館に行かなければ出会えなかった本だと思います。

予想される反論とそれに対する考え

本屋さんでも、いろいろな本をおすすめしているので、本との出会いは増えるかもしれません。しかし、本屋さんで売っている本は新しいものが多いです。図書館なら古い本も置いてあるので、よりはば広い出会いがあるのではないでしょうか。

まとめ・主張

本との新しい出会いが増えるという点から、本を読むときは、図書館で借りるのがよいと思います。

反論は、「〜かもしれません。」、それに対する考えは、「しかし、〜」などの表現《ひょうげん》を使って書こう。

◀合うほうを（　）で囲《かこ》もう。

（ぼく・わたし）は、本を読むときは、（　　　　）のがよいと思います。

なぜなら、

◀まとめ・主張を書こう。

（　　　　）という点から、

本を読むときは、（　　　　）のがよいと思います。

33 ポスター・パンフレットを作る①

ポスター・パンフレットの特ちょう

知らせたいことを、言葉の他に絵や写真などを使ってわかりやすく説明する方法として、ポスターやパンフレットがあります。

〈ポスター〉

広く伝えたいことを一まいの紙にまとめたもの。紙面が限《かぎ》られているので、伝えたいことに合わせて情報《じょうほう》をしぼりこもう。

文字の大きさを変えたり、絵、写真などを組み合わせたりして、見る人を引きつける。

伝えたい内容《ないよう》

飼育《しいく》委員会

キャッチコピー
人を引きつける短い言葉

うさぎの元気を守っています！

もも

ゆき

活動内容

・うさぎ小屋のそうじ
・うさぎの健康管理
・1年生とうさぎのふれ合い会を開く。

伝える相手に合わせたくわしい内容

飼育委員からのお願い
うさぎは大きい音が苦手です。大きい音を出してびっくりさせないでね。

〈パンフレット〉

題材について伝えたい情報をうすい本にまとめたもの。伝えたいことが伝わるようなわり付けや構成《こうせい》にしよう。

見出し・小見出し
文章で伝えたいことを短い言葉でまとめたもの。

絵・写真・図
説明がわかりやすくなるところに入れる。

ビオトープを知ろう！

なかよし小学校のビオトープができて十五年。ビオトープについて知り、もっと活用してみませんか。

なかよし小学校ビオトープの歴史《れきし》

なかよし小学校のビオトープは二〇〇五年に開校五十周年記念としてつくられました。二〇一八年に、池の水の流れがよくなるように、大規《き》ぼな整備《せいび》が行われ、現在《げんざい》はきれいな水質《すいしつ》が保《たも》たれています。

ビオトープの生き物

季節ごとに、科学クラブのメンバーが、ビオトープにいる生き物を調べています。池にはメダカやドジョウ、タニシなどがいます。また、トンボ、コオロギ、テントウムシなど、たくさんのこん虫もすんでいます。

タニシ

コオロギ

リード文　このページの導入《どうにゅう》を入れてもよい。

1 次の、「子ども自転車安全教室」の〈ポスター〉を見て、問題に答えましょう。

〈ポスター〉

子ども
自転車安全教室

日時…4 月27日　　場所…坂《さか》の上《うえ》公園

内容
・交通ルールの説明
・自転車の正しい乗り方指《し》導《どう》
・自転車点《てん》検《けん》

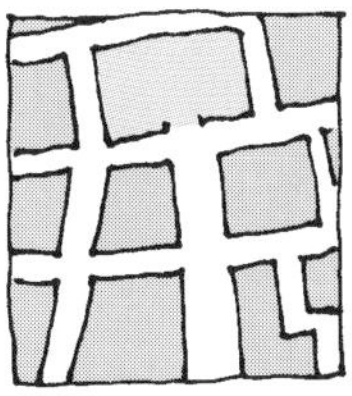

絵

車に気をつけて来てね！

(1) 「子ども自転車安全教室」を開く目的は、次のようなものです。この内容が伝わるように、キャッチコピーを考えて、ポスターの□に横書きで書きましょう。

〈子ども自転車安全教室を開く目的〉

地いきの子どもたちに、自転車の正しい乗り方を学んでもらうこと。

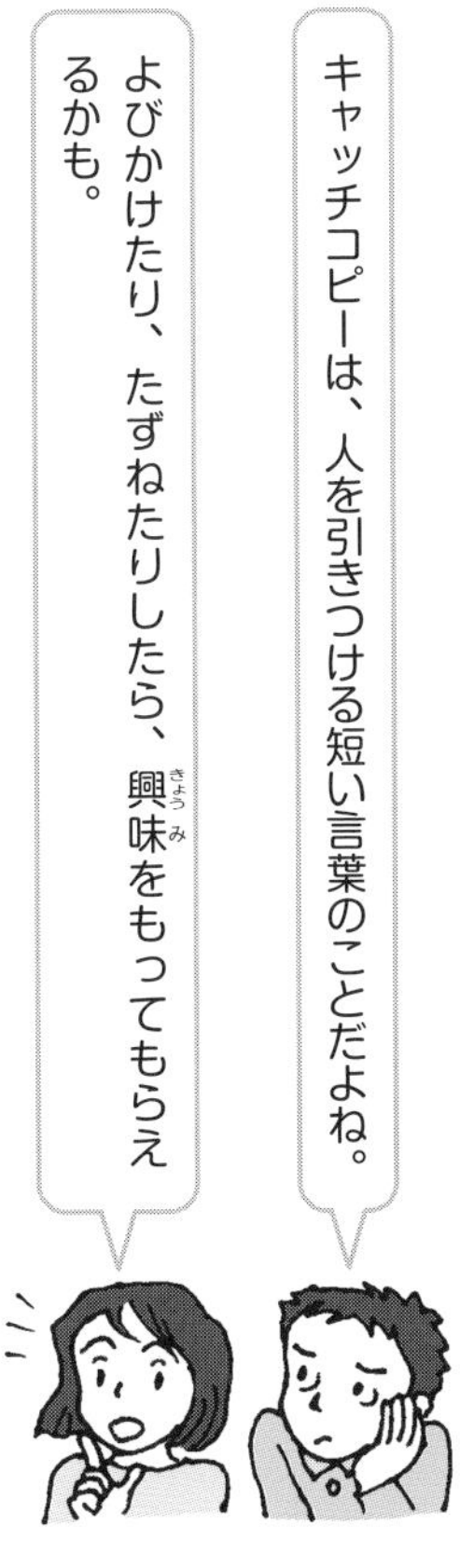

(2) □に入れるとよい絵をア～ウから選んで、記号を○で囲《かこ》みましょう。

ア

イ

ウ

34 ポスター・パンフレットを作る②

1 あきらさんたちは、東野《ひがしの》町と南田《みなみだ》町の合同で行われる東南《とうなん》祭りをしょうかいするためのパンフレットを作ることになりました。あきらさんは、東南祭りがどんな祭りかについて書くため、書くことを調べて〈メモ〉にまとめています。〈資料《しりょう》〉や〈実行委員の人へのインタビュー〉を読んで、（　）に合う言葉を書きましょう。

〈資料〉

〈東南祭りについて〉

東南祭りは，1985年から，東野町と南田町が合同で行っている祭りです。2つの町の親ぼくを深めるために，地いき住民によって始められました。祭りは，毎年，8月第3日曜日に坂《さか》の上《うえ》公園で行われます。祭りのメインイベントは，最後に広場で打ち上げられる花火です。　（市のホームページより）

〈実行委員の人へのインタビュー〉

〈メモ〉

・東南祭りは、（　　）年から、東野町と南田町が合同で行っている。

・祭りの目的は、二つの町の（　　）を深めるため。

・メインイベントは（　　）。
祭りが始まった（　　）から行っている。
坂の上公園の（　　）で、毎年（　　）発打ち上げられる。

2 ❶の〈メモ〉を見て、〈パンフレット〉の（　）に合う言葉を書きましょう。

3 〈パンフレット〉の［　］に入れるとよい見出しを［　］から選び、書き入れましょう。

楽しみな打ち上げ花火　・　楽しいイベントがもりだくさん

〈パンフレット〉

東南祭りへようこそ！

東南祭りについて知って、お祭りをもっと楽しもう！

二つの町がいっしょに始めたお祭り

東南祭りは、一九八五年から、東野町と南田町が（　　　）で行っているお祭りです。二つの町が親ぼくを深めることを（　　　）に始められました。

［　　　］

◀打ち上げ花火についての説明を書こう。

［　　　］

東南祭りでは、打ち上げ花火の他にも、さまざまなイベントがあります。昼間は、広場でスポーツ大会が行われます。また、地元の商店街の方の協力によるえん日は、五十店以上出店されます。夕方五時からは、ぼんおどり大会も開かれます。

35 招《しょう》待《たい》する手紙を書く①

招待する手紙を書くときは、だれを何の行事に招待するのかをはっきりさせて、伝えることを整理しましょう。

招《しょう》待《たい》する手紙の書き方

伝えること

- 何の行事か
- いつ、どこで行うのか
- どんなことをするのか
- 来てほしい気持ち

❶ ひなさんの学年では、地いきのお年寄《としよ》りを招待して、交流会を開きます。ひなさんは、近所に住む山本《やまもと》さんに招待する手紙を書くことになりました。〈ひなさんの手紙のメモ〉を見て（　）に合う言葉を書き、〈ひなさんの招待する手紙〉を完成させましょう。

〈ひなさんの手紙のメモ〉

伝える相手	山本さん
行事	地いきのお年寄りとの交流会
日時	九月三十日(金)午前十時
場所	坂《さか》の上《うえ》小学校プレイルーム
すること	歌・ビンゴゲーム 昔の遊び(あやとり・こま回しなど)
気持ち	いっしょに楽しみたい。

◆招待する手紙の構成《こうせい》

- 相手
- はじめのあいさつ
- 伝えること
  - ・何の行事か
  - ・日時
  - ・場所
  - ・どんなことをするのか
  - ・来てほしい気持ち
- 書いた日
- 名前

ひろみおばさんへ

　すっかりすずしくなりました。お元気ですか。

　十一月十九日の午前九時から午後三時まで、学校の体育館でてんらん会があります。図工や家庭科で作った作品がたくさん展示《てんじ》されます。

　ぼくは、図工の時間に作ったランプと、絵を二まい展示しています。

　どれも一生けん命作ったり、かいたりした作品なので、ひろみおばさんにも見てほしいです。ぜひ来てください。

　十一月八日

竹中《たけなか》　たすく

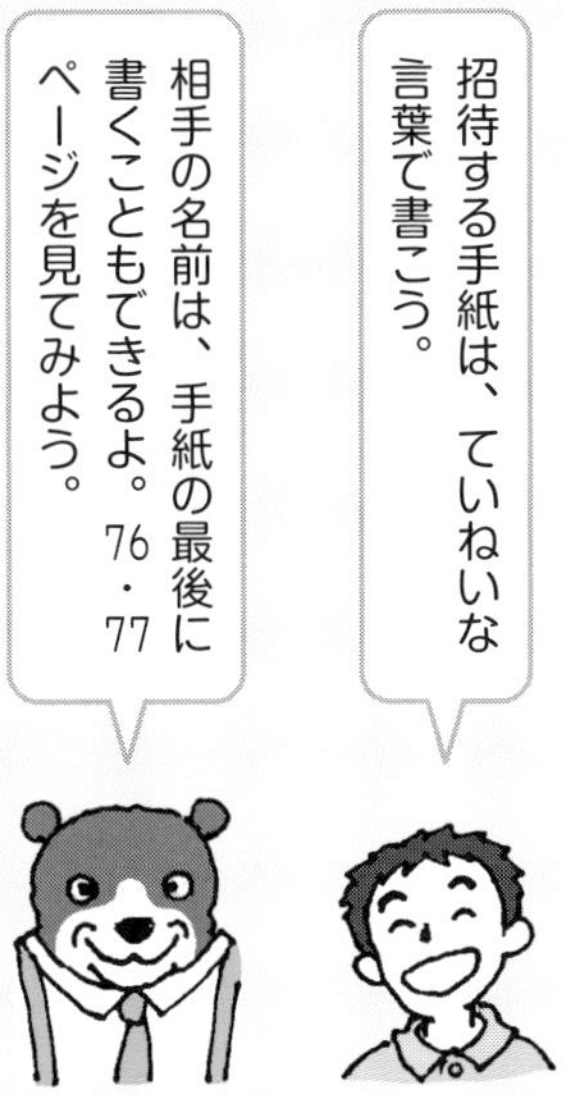

〈ひなさんの招待する手紙〉

（　　）さんへ

秋晴れの毎日が続いていますが、お元気ですか。

今度、（　　）月（　　）日の午前（　　）時から、坂の上小学校の（　　）で、地いきのお年寄りの方との交流会を開きます。

いっしょに歌を歌ったり、ビンゴゲームをしたりする予定です。また、（　　）やこま回しなどの昔の遊びを教えていただきたいです。

交流会を、いっしょに（　　）です。ぜひ来てください。

九月十五日

川村《かわむら》　ひな

36 招《しょう》待《たい》する手紙を書く②

❶ 次のまん画を見て、問題に答えましょう。

(1) あきらさんは、招待する手紙に書くことを、メモにまとめました。上のまん画を見て（　）に合う言葉を書き、〈あきらさんの手紙のメモ〉を完成させましょう。

〈あきらさんの手紙のメモ〉

伝える相手	おばあちゃん
行事	（　　）
日時	十月十二日　午前（　　）時
場所	小学校の校庭
自分が出る種目	徒競走（　　）
気持ち	毎日がんばって練習しているので、（　　）。

(2) (1)の〈あきらさんの手紙のメモ〉に書いたことをもとに、〈あきらさんの招待する手紙〉を完成させましょう。

〈あきらさんの招待する手紙〉

おばあちゃんへ

秋が深まってきました。お元気でお過《す》ごしですか。

▼いつ、どこで、どんな行事があるのかを書こう。

ぼくは、

▼どの種目に出るのかを書こう。

（　　　　　　　　）。

▼来てほしい気持ちを書こう。

十月一日

森山《もりやま》　あきら

手紙の初めには、季節に関するあいさつの言葉を入れてみよう。

例

春…桜《さくら》の花がさくころになりました。

夏…暑い毎日が続いています。

秋…もみじが色づいてきました。

冬…朝、ふとんから出るのがつらい季節になりました。

37 お礼の手紙を書く①

お礼の手紙の書き方

お礼の手紙を書くときには、だれに、何のために書くのかをはっきりさせて、次のような型《かた》で書きましょう。

◆お礼の手紙の型

初めのあいさつ	・季節に関する言葉 ・自分のしょうかい
本文	伝えたいこと ・お礼の気持ち ・何に対するお礼か
むすびのあいさつ	相手の健康を気づかう言葉
後づけ	・日付 ・自分の名前 ・相手の名前

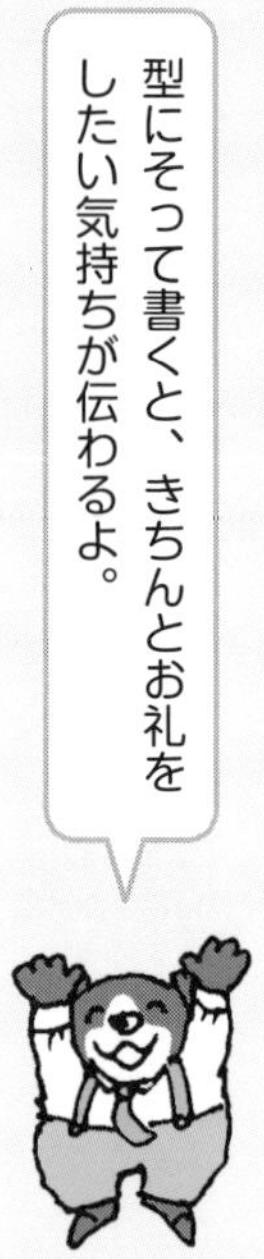

❶ 次のやり取りを読んで、〈ひなさんのお礼の手紙〉の（　）に合う言葉を書き、手紙を完成させましょう。

〈ひなさんのお礼の手紙〉

初めのあいさつ

もみじがきれいな季節になりました。小林さんはお元気でお過《す》ごしでしょうか。坂《さか》の上《うえ》小学校の川《かわ》村《むら》ひなです。

本文

先日、自動車工場に見学にうかがったときは、（　　　）を、とても（　　　）に説明してくださって、ありがとうございました。自動車がどのような（　　　）でつくられるのか、とてもよくわかりました。小林さんに説明していただいたおかげで、わかりやすい（　　　）が書けました。本当にありがとうございました。

むすびのあいさつ

これからも、お体に気をつけて、お仕事をがんばってください。さようなら。

後づけ

十一月二十日

川村　ひな

小林健一《けんいち》様

お礼の手紙は、言葉づかいに気をつけて書こう。年上の人に書くときは、適切《てきせつ》な敬語《けいご》を使おう。

38 お礼の手紙を書く②

1 毎日の生活をふり返って、あなたがお世話になって、お礼の気持ちを伝えたい人を一人《ひとり》書きましょう。

ぼくは、地いきのお祭りの実行委員の早川《はやかわ》さんにお礼の気持ちを伝えたいな。

2 ①で選んだ人のどんなことに対してお礼を伝えたいかを書きましょう。

お祭りについて調べてパンフレットを作ったときに、インタビューさせてもらったことに対してお礼を言いたいんだ。

3 ①で選んだ人にお礼の手紙を書きます。手紙の本文に書くことをまとめましょう。

- その人は何をしてくれたか。
- してくれたことがどのように役に立ったか、どう感じたかなど、お礼の内容《ないよう》を具体的に書こう。

お祭りで上げる花火について、くわしく教えてくれたから、わかりやすいパンフレットにすることができたよ。

何をしてもらって、どう感じたかなどを具体的に書くと、お礼の気持ちがよく伝わるね。

④ ①～③で書いたことをもとに、お礼の手紙を、手紙の型《かた》にそって書きましょう。

初めのあいさつ
・季節に関する言葉
・自分のしょうかい

本文
伝えたいこと
・お礼の気持ち
・何に対するお礼か

むすびのあいさつ
相手の健康を
気づかう言葉

後づけ
・日付
・自分の名前
・相手の名前

（　）月（　）日

（　）◀あなたの名前を書きましょう。

（　）◀相手の名前を書きましょう。
様

39 一年間をふり返って書く①

一年間の学校生活をふり返って心に残っていることを書くときは、自分の体験を具体的に書くことが大切です。どんなことがあったか、よく思い出し、次のような手順で取り組みましょう。

一年間をふり返る文章の書き方

① 一年間の学校生活をふり返って、心に残っていて、伝えたいことを決める。

一年間にどんなことがあったかな? 四月から順に思い出してみよう。

② 具体的にどんなことがあったか、そのときどう思ったかを思い出す。したこと、見たこと、言ったこと、聞いたこと、そのときの気持ちなどを思い出そう。

③ その体験は自分にとってどんな意味があったか、その体験から何を学んだか、これからにどういかしていきたいかを考える。

---

1 ひなさんが、一年間の学校生活をふり返って、心に残っていることを〈ひなさんの構成メモ〉にまとめました。メモを見て、（　）に合う言葉を書き、〈ひなさんの文章〉を完成させましょう。

〈ひなさんの構成メモ〉

はじめ	心に残っているのは運動会の全員リレー。
中	・練習では一位になれなかった。 ・高田《たかだ》君が、「バトンパスの練習をしよう。」と言った。 ・みんなで休み時間に練習した。 ・息が合ってきて、タイムも速くなり、楽しくなった。 ・本番では一位になれてうれしかった。
終わり	・力を合わせてがんばることの大切さを学んだ。 ・これからも、みんなで協力していきたい。

──の言葉が、文章ではどのように書かれているかも確《たし》かめよう。

④ 伝えたいことを〈構成《こうせい》メモ〉にまとめる。

⑤ 表現《ひょうげん》を工夫《くふう》して文章を書く。

◆一年間をふり返って書く作文は、次のような構成でまとめよう。

はじめ	中	終わり
心に残っているのはどんなことか。	心に残っていることの具体的な内容《ないよう》。 ・どんなことがあったか。 ・そのときの気持ち。	・その体験は、どんな意味があったか。 ・その体験から何を学んだか。 ・これからにどういかしていきたいか。

〈ひなさんの文章〉

わたしの心に残っていることは、（　　）です。

わたしたちのクラスは、練習ではいつも一位になれませんでした。すると高田君が、

「（　　）。」

と言いました。休み時間に練習をするうちに、息が合ってきて、タイムも（　　）なり、みんなの目もきらきらしてきました。そして本番。走るときはどきどきしたけれど、わたしたちのクラスは、見事（　　）になりました。練習の成果が出せて、天にものぼるような気持ちでした。

わたしはこの体験から、（　　）の大切さを学びました。これからも、みんなで協力していきたいです。

一年間をふり返って書く②

❶ 一年間の学校生活をふり返って、いちばん心に残っていることは何ですか。一つ選んで○で囲《かこ》みましょう。絵にないときは、（　　）に書きましょう。

運動会　学習発表会　遠足　社会科見学

授業《じゅぎょう》参観　音楽会　プール　委員会活動

クラブ活動　給食　授業　休み時間

そうじ

（　　　　　　　）

---

❷ ❶で選んだことについて、文章を書くための〈構成《こうせい》メモ〉を書きましょう。

〈構成メモ〉

はじめ	中	終わり
心に残っていることは、（　　　）。	・心に残っていることの具体的な内容《ないよう》	・体験の意味や学んだこと、これからにどういかしたいか。

3 **2**で書いた〈構成メモ〉をもとに、一年間の学校生活をふり返って、心に残っていることについて、文章を書きましょう。

心に残っていることは何か。

心に残っていることの具体的な内容。

学んだことや、これからにどういかしたいかなど。

▼合うほうを◯で囲もう。

（ぼく・わたし）が心に残っているのは、（　　　　）です。

気持ちを表す言葉を使うときは、気持ちに合うぴったりの表現《ひょうげん》をさがしてみよう。

41 詩を作る

表現《ひょうげん》を工夫《くふう》した詩の書き方

詩は、心に感じたことを短い文で表現したものです。
表現を工夫して詩を書きましょう。

◆詩の表現の工夫

★あるものを他のものにたとえたり、人でないものを人のように表したりして、イメージをとらえやすくする。

例・太陽のように笑う。・風がささやく。

★擬態語《ぎたいご》や擬音語《ぎおんご》を使ってイメージ豊《ゆた》かに表現する。

例・ふかふかのパン。

例・かみなりがゴロゴロ鳴る。

★言葉の順序《じゅんじょ》をふつうとは逆《ぎゃく》にして、印象《いんしょう》を強める。

例・さいたよ、朝顔が。

★同じ言葉や文をくり返して、リズムを整える。

例・広い広い海。

---

1 次の詩のア～エの工夫は、後のどれに当たりますか。（　）に記号を書きましょう。

夏

青い空に
ア 雲のソフトクリーム屋さんが開店
わたしも空にジャンプして
イ 食べてみたいな　おなかいっぱい
ウ 大きな大きなソフトクリーム
エ ふわふわのソフトクリーム

（　）人でないものを、人のように表している。

（　）同じ言葉をくり返している。

（　）言葉の順序をふつうとは逆にしている

（　）擬態語、擬音語を使っている。

2 最近の生活をふり返って、心が動いたことを詩に書きます。楽しかったことやうれしかったこと、おもしろかったこと、おどろいたことなどを一つ書きましょう。

ぼくは、雨上がりの水たまりに、あめんぼがうかんでいるのがおもしろかったな。

3 **2**で書いたことについて、そのときの様子や気持ちを思い出して、思いつく言葉を書き出しましょう。

ぼくは、こんな言葉を思いついたよ。

水にうかぶ
フィギュアスケーターみたい
すーいすーい
回転はしない

---

4 **2**で書いたことについて、**3**で思いついた言葉を使って、表現を工夫して詩を書きましょう。

3で書いた言葉は、全部使わなくてもいいよ。詩に使えそうな表現を選ぼう。

ぼくは、こんなふうに書いてみたよ。

あめんぼ

すーい
すーい
あめんぼは
水の上の
フィギュア
スケーター
くるくる回転は
できないけど

▼詩の題名を書こう。

42 短歌を作る

和歌の一つである短歌は、奈良《なら》時代からある短い詩です。短歌のルールを知り、表現《ひょうげん》を工夫《くふう》して短歌を作ってみましょう。

短歌の作り方

◆短歌のルール

★かな一字につき一音と数え、五・七・五・七・七の三十一音で表すのが原則《げんそく》。

★小さな「っ」、のばす音、「ん」も一音と数える。

★「きゃ・きゅ・きょ」などは、二字で一音と数える。

◆表現の工夫

★擬態語《ぎたいご》や擬音語《ぎおんご》、たとえの表現などを使う。

★自分が伝えたいことにぴったりの言葉を選ぶ。

★作った短歌を見直して、言葉を入れかえたり、別の言葉で言いかえたりしてみる。

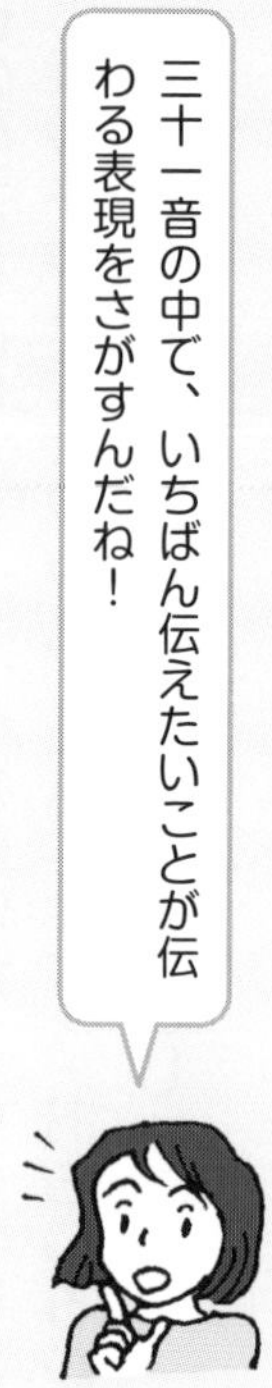

---

1 次の短歌の表現の工夫の説明として合うものを、後の□から選び、（　）に記号を書きましょう。

(1) 「寒いね」と話しかければ「寒いね」と答える人のいるあたたかさ　俵万智《たわらまち》　（　　）

(2) 終バスにふたりは眠《ねむ》る紫《むらさき》の〈降《お》りますランプ〉に取り囲《かこ》まれて　穂村弘《ほむらひろし》　（　　）

(3) 父の肩《かた》眺《なが》め眺《なが》めてはたはたと叩《たた》けば愛《かな》し月夜こほ《オ》ろぎ　北原白秋《きたはらはくしゅう》　（　　）

「愛し」…いとおしい、かわいい

(4) はなやかに轟《とどろ》くごとき夕焼はしばらくすれば遠くなりたり　佐藤佐太郎《さとうさたろう》　（　　）

「轟くごとき」…ひびきわたるような
「遠くなりたり」…遠くなった

ア　擬態語・擬音語を使っている。
イ　言葉の順序《じゅんじょ》をふつうとは逆《ぎゃく》にしている。
ウ　話し言葉を使っている。
エ　たとえの表現を使っている。

② 最近の生活の中で、あなたの心が動いたことを思い出して、短い文にまとめましょう。

サッカーの練習の帰り道で、空にサッカーボールみたいな満月がうかんでいるのを見て、また明日の練習もがんばろうって思ったんだ。

③ ②で書いたことを、五・七・五・七・七の三十一音の短歌の形にして書きましょう。

書いてみたよ。

満月はサッカーボールみたいだな
明日も練習またがんばるぞ

---

④ ③で書いた短歌について、次のような工夫ができないか見直して、書き直してみましょう。

〈工夫〉

- たとえの表現を使う。
- 擬態語・擬音語を使う。
- 言葉の順序を入れかえる。
- 言葉を別の言葉で言いかえる。
- 表記（ひらがな・かたかな・漢字）を変える。

など

擬態語を使ってみたよ。

ぽっかりとボールみたいな満月だ
明日もサッカーまたがんばるぞ

空に満月がうかんでいる様子がよく伝わってくるね。

43 俳《はい》句《く》を作る

俳句は、日本で古くから作られてきた短い詩です。俳句のルールを知って表現《ひょうげん》を工夫《くふう》し、俳句を作ってみましょう。

俳句の作り方

◆俳句のルール

★五・七・五の十七音で表すのが原則《げんそく》。

★「季語」という季節を表す言葉を入れる。

〈季語の例〉

春	夏	秋	冬
たんぽぽ	夕立	ぶどう	みかん
桜《さくら》	こいのぼり	こおろぎ	雪
かえる	あじさい	月	しも柱
春めく	かぶとむし	いわし雲	スケート
遠足	花火	運動会	かれ葉

※季語をもたない俳句を「無季《むき》俳句」という。

◆表現の工夫

★擬態語《ぎたいご》や擬音語《ぎおんご》、たとえの表現などを使う。

★言葉の順序《じゅんじょ》を工夫する。

1 次の俳句の表現の工夫の説明として合うものを、後の［　］から選び、（　）に記号を書きましょう。

(1) 春の町帯のごとくに坂を垂《た》れ　富安風生《とみやすふうせい》
「帯のごとくに」…帯のように
（　　）

(2) 憲兵《けんぺい》の前で滑《すべ》つ《ッ》て転んぢやつ《ジャッ》た　渡辺白泉《わたなべはくせん》
（　　）

(3) 春の海ひねもすのたりのたりかな　与謝蕪村《よさぶそん》
「ひねもす」…一日中
「かな」…〜だなあ
（　　）

(4) を《オ》りとりてはらりとおもきすすきかな　飯田蛇笏《いいだだこつ》
「をりとりて」…折り取って
（　　）

(5) やれ打つな蠅《はえ》が手をすり足をする　小林一茶《こばやしいっさ》
（　　）

ア　擬態語・擬音語を使っている。
イ　言葉の順序をふつうとは逆《ぎゃく》にしている。
ウ　全部ひらがなで書いている。
エ　話し言葉を使っている。
オ　あるものを他のものにたとえている。

② 最近の生活の中で、あなたの心が動いたことを思い出して、短い文にまとめましょう。

この前、公園で、コスモスが風にゆれて楽しそうだったんだ。

③ ②で書いたことを、季語を一つ入れて、五・七・五の十七音の俳句の形にして書きましょう。

季語は、一つの俳句に一つだけ入れるよ。

わたしは、こう書いたよ。

ふいてきた風にコスモス
楽しそう

※季語は「コスモス」（秋）

④ ③で書いた俳句について、次のような工夫ができないか見直して、書き直してみましょう。

短歌にも共通する工夫だね。

〈工夫〉

- たとえの表現を使う。
- 擬態語・擬音語を使う。
- 言葉の順序を入れかえる。
- 言葉を別の言葉で言いかえる。
- 表記（ひらがな・かたかな・漢字）を変える。

など

風の様子を入れて、コスモスを人にたとえてみたよ。

やわらかな風にコスモス
笑ってる

風にふかれているコスモスの楽しそうな様子が伝わってくるね！

44 物語を作る①

物語は、山場で大きく変化するものが多く見られます。山場を意識《いしき》して物語を書いてみましょう。

物語の書き方

◆物語を書く手順

① 登場人物・時（季節・時間など）・場所などの設定《せってい》を決める。

★登場人物は、名前や年れい、性格《せいかく》などを決めて、カードにまとめておくとよい。

② 物語の組み立てを考えて、あらすじを書く。

★山場でどんな変化が起こるかを、意識して書こう。

③ あらすじをもとにして物語を書く。

★会話文を入れたり、想像《そうぞう》した人物の様子をくわしく書いたりするなど、工夫《くふう》をしてみよう。

場面の様子や、人物の様子、気持ちが伝わるように書こう。

◆物語の組み立ての例

始まりの場面	物語の登場人物、時や場所などの設定を書く。
山場につながる場面	山場につながるように、どんな出来事が起こって、どう展開《てんかい》するかを書く。
山場の場面	それまでの出来事が、どう変化して解決《かいけつ》したかを書く。
終わりの場面	山場を経《へ》て、登場人物や出来事がどうなったかを書く。

初めに決めた登場人物の性格などの設定をいかした展開にすると、つながりのある物語になるよ。

1 次の二まいの絵を使って、物語の設定を考えましょう。

〈始まりの場面〉

〈終わりの場面〉

(1) 登場人物の設定を考えて、〈カード〉に書きましょう。

〈あきらさんのカード〉

名前　ケンタ
年れい　小学五年生
性格など　元気
思いやりがある

〈カード〉

名前
年れい
性格など

(2) いつ、どこで起こった物語にするかを書きましょう。

例
いつ　・夏の日　・百年前
どこで　・山の中　・火星

いつ

どこで

45

物語を作る②

❶ 次の二まいの絵を使って、物語のあらすじを考えます。二つの場面の間で起こることをあなたが想像《そうぞう》して、〈あなたの組み立てメモ〉に物語のあらすじを書きましょう。

〈始まりの場面〉

〈終わりの場面〉

〈あきらさんの組み立てメモ〉

始まりの場面	ケンタは小学五年生の元気な男の子。土曜日に、近くの森へたんけんに行くと、ドラゴンに出会った。
山場につながる場面	ケンタがにげようとすると、ドラゴンが助けてほしいと言う。ドラゴンは遠くの谷から友達《ともだち》のドラゴンに会いに行くと中、一休みした森で、とげのある草がしっぽにからみついて動けなくなっていた。
山場の場面	ケンタは、リュックの中のたんけんセットからはさみを取りだして、草を切り、ドラゴンを助け出す。
終わりの場面	ドラゴンは、助けてくれたお礼に、ケンタをせなかに乗せて家まで送ってくれた。

〈あなたの組み立てメモ〉

始まりの場面	▼登場人物、時、場所などの設定《せってい》を書こう。
山場につながる場面	▼どんな出来事が起こって、どう展開《てんかい》するかを書こう。
山場の場面	▼出来事がどう変化して解決《かいけつ》したかを書こう。
終わりの場面	▼山場を経《へ》て、最後に登場人物や出来事がどうなったかを書こう。

2 1の〈あなたの組み立てメモ〉に書いたことをもとに、〈あなたの始まりの場面〉の物語を書きます。〈始まりの場面〉の絵に合うように、物語の登場人物がどんな人物かや、時、場所などの設定がわかるように書きましょう。

〈あきらさんの始まりの場面〉

ケンタは、小学五年生の元気な男の子です。ある土曜日、ケンタは近くの森に、おにぎりを持ってたんけんに行きました。森のおくでガサゴソと変な音がするので行ってみると、なんとそこには、こわそうなドラゴンがいたのです。

〈あなたの始まりの場面〉

46 物語を作る③

❶ 92ページ❶の〈あなたの組み立てメモ〉に書いたことをもとに、93ページ❷で書いた〈あなたの始まりの場面〉につながるように、〈山場につながる場面〉〈山場の場面〉〈終わりの場面〉を書きましょう。

あきらさんの〈山場につながる場面〉〈山場の場面〉〈終わりの場面〉

〈山場につながる場面〉


ケンタがおどろいてにげようとすると、ドラゴンが
「待ってくれ！」

と言いました。

「わたしは、遠くの谷に住んでいるんだが、友達《ともだち》に会いにいくと中、一休みしようとしたらこのとおりだ！」

見ると、ドラゴンのしっぽが、とげのある草にからまって、動けなくなっていました。


あなたの〈山場につながる場面〉〈山場の場面〉〈終わりの場面〉

「どうか助けてほしい」

「まかせて!」

〈山場の場面〉

ケンタは、リュックに入れているたんけんセットから、大きなはさみを取り出しました。

「今、切るよ!」

草は太くてとげがケンタの手にもささりました。けれど、ケンタはがんばって草を切り、ドラゴンはやっと自由になりました。

〈終わりの場面〉

「助かった!」

ドラゴンは喜《よろこ》んで、友達のところに行くと中、お礼にケンタをせなかに乗せて、家まで送ってくれました。


——の部分の言葉や行動が、ケンタの思いやりのある性格《せいかく》に合っているね!

書けたら〈始まりの場面〉から読み直して、物語がつながっているか確《たし》かめよう!

◆原こう用紙の正しい使い方を覚えましょう。文章を書き終わったら読み直して、まちがえているところがないか確《たし》かめましょう。

題名は、二、三ます空けて書く。

書き始めは、一ます空けて書く。

行を変えたら、一ます空ける。

引用をするときは、元の言葉や文をそのまま書き、かぎ(「　」)をつけるなどして、他と区別する。

　　　「やまなし」を読んで

松本　ゆうき

　この本は、学校の図書館のおすすめコーナ
ーにありました。開いてみると、楽しい言葉
がたくさんでてきたので、読んでみました。
　物語に登場するのは、かにの兄弟とお父さ
んです。水の底から上を見て、話しています。
おもしろいのは、擬態語です。「ぼかぼか流
れていくやまなし」「月光のにじがもかもか
集まりました」など、今まで聞いたことのな

書名は、かぎ(「　」)をつけて書く。

句点《くてん》(。)や読点(、)は、行の初めに来ないように、前の行の最後のますに、文字といっしょに書く。(最後のますの下に書くこともある。)

の国語集中学習　小学5年生 作文・表現にぐーんと強くなる

] 第1版第1刷発行

●印刷・製本　凸版印刷株式会社
●カバーデザイン　辻中浩一+村松亨修(ウフ)
●カバーイラスト　亀山鶴子
●本文イラスト　藤田ひおこ
●本文デザイン　岸野祐美(株式会社京田クリエーション)
●編集協力　株式会社あいげん社

志村直人
株式会社くもん出版
〒141-8488 東京都品川区東五反田2-10-2
東五反田スクエア11F
電話　編集直通　03(6836)0317
営業直通　03(6836)0305
代表　03(6836)0301

ISBN 978-4-7743-3371-7

ＣＤ 57337

くもん出版ホームページアドレス https://www.kumonshuppan.com/

小学5年生

作文・表現にぐーんと強くなる

別《べっ》冊《さつ》
解《かい》答《とう》例《れい》

- （例）は，作文のお手本を示《しめ》しています。
  問題文の指《し》示《じ》にしたがって書けていたら○をつけてください。
- 書き方に迷《まよ》ったときは，お手本と解《かい》説《せつ》をよく読んで，
  自分の作文を書くヒントにしましょう。
  まねして書いてみてもよいでしょう。

おうちの方へ

本書は，教科書や学校の宿題等でよく出る作文テーマごとに，書きたい内容を考えて，言葉や文を書き出して作文メモを作り，メモをもとに文章を書く練習を進めていきます。各回の問題文の指示や，まとめコーナーで学んだ作文の組み立てにそって書けていたら，○をつけてあげてください。

4・5ページ

1 自分の長所と短所を書く①

長所と短所の書き方

自分の長所と短所を見つけて、あなたについて周りの人に伝える文章を書きましょう。

① しょうかいしたい長所と短所を考えよう。

② 「長所が生きた経験《けいけん》」と「短所が原因《げんいん》で失敗した体験」を考えよう。

◆長所と短所の見つけ方

● 自分自身をふり返る。

自分についていいなと思うところや、ここはあまりよくないから変えたいと思うところはないかを考えよう。

● 周りの人から言われたことを思い出す。

家族や友達《ともだち》、先生などからほめられたことや、注意されたことはないかを思い出そう。

長所や短所に関係のある体験も書くと、人がらが伝わりやすくなるよ。

❶ 次のまん画を見てわかる、あきらさんの長所と短所を書きましょう。

・あきらさんの長所

・好きなことに（夢中）になれるところ。

・あきらさんの短所

・（おっちょこちょい）なところ。

あきらさんの体験に注目しよう。

4

❷ あなたの長所・短所はどのようなところですか。それぞれ書き出してみましょう。

・あなたの考える自分の長所

（例）
・計画的に行動できるところ
・明るいところ

・あなたの考える自分の短所

（例）
・すぐにきんちょうしてしまうところ
・集中すると周りが見えなくなるところ

❸ あなたの長所が生きた体験を書きましょう。

好きなことに夢中になれるから、好きなサッカーの練習なら、いくらでも取り組めるよ。だから、サッカークラブでレギュラーになれたんだ。

（例）
計画的に行動できるから、夏休みの宿題でこまったことがない。今年も、夏休みの初めに、いつ何の宿題をするか計画を立てて、毎日取り組んだから、二学期が始まる一週間前にすべて終わった。

長所を生かして達成できたり、ほめられたりしたことがないか、思い出してみよう。

❹ あなたの短所が原因になって、失敗した体験を書きましょう。

おっちょこちょいなところが原因で、プールの授業がある日に、水着をわすれて、体育を見学しなければならなくなったことがあったよ。

（例）
すぐにきんちょうしてしまうところが原因で、この間のピアノの発表会では、えんそうのとちゅうで曲をわすれてしまった。

今回書いたことをもとに、次回は自分の長所と短所をしょうかいする文章を書いてみよう。

5

6・7ページ

2 自分の長所と短所を書く②

❶ 次の〈あきらさんのメモ〉を見ながら、〈あきらさんの文章〉の（　）に合う言葉を書きましょう。

〈あきらさんのメモ〉

・長所
好きなことに夢中《むちゅう》になれるところ。

・長所が生きた体験
サッカーが好きだから、夢中で練習して、サッカークラブのレギュラーになれたこと。

・短所
おっちょこちょいなところ。

・短所が原因《げんいん》で、失敗した体験
プールの授業《じゅぎょう》がある日に、水着をわすれてしまい、体育の授業を見学しなければならなくなったこと。

文章に書くことをメモにまとめてみたよ。

〈あきらさんの文章〉

長所←体験

短所←体験

ぼくの長所は、好きなことに夢中になれるところです。だから、好きなサッカーの練習には、集中して取り組めます。そのおかげで、サッカークラブの（レギュラー）になることができました。

ぼくの短所は、おっちょこちょいなところです。そのせいで、プールの授業がある日に、水着を（わすれて）しまい、大好きなプールの授業に参加できませんでした。そういうことがないように、気をつけたいと思います。

文末は、「～です・ます」か「～だ・である」のどちらかの形にそろえて書こう。

6

❷ 5ページで書いた内容《ないよう》を見ながら、自分の長所と短所をしょうかいする文章を書くための〈あなたのメモ〉を作りましょう。

〈あなたのメモ〉（例）

・長所
計画的に行動できるところ。

・長所が生きた体験
夏休みの宿題にこまったことがない。今年も、夏休みの初めに計画を立てて、こつこつ取り組むことができた。

・短所
すぐにきんちょうしてしまうところ。

・短所が原因で、失敗した体験
この間のピアノの発表会では、えんそうのとちゅうできんちょうしすぎて、曲をわすれてしまった。

❸ 〈あなたのメモ〉を見ながら、あなたの長所と短所をしょうかいする文章を書きましょう。（例）

わたしの長所は、計画的に行動できるところだ。だから、夏休みの宿題にはこまったことがない。今年も、夏休みの初めに計画を立ててこつこつ取り組み、二学期が始まる一週間前には宿題が終わった。

わたしの短所は、すぐにきんちょうしてしまうところだ。この間のピアノの発表会では、えんそうのとちゅうで、曲をわすれてしまったことがあった。次回は落ち着いてのぞみたいと思う。

短所の部分の最後に、これからどうしたいかを書くと、文章がまとまるよ。

長所→体験、短所→体験の順番で書けているかな。

7

8・9ページ

何があって、妹がどうしたかから考えよう。

選んだ人についての出来事や、そのときの行動から、どんな人か考えてみよう。

3 身の回りの人をしょうかいする ①

身の回りの人をしょうかいする作文を書く準備

身の回りの人を、クラスのみんなにしょうかいする作文を書きます。次のように考えましょう。

② ① だれをしょうかいするかを決める。
② その人についての出来事を思い出す。
その人をいいなと思った出来事や、その人のことが心に残っている出来事を思い出す。
③ 出来事や行動を通して、どんな人と言えるかを考える。

❶ 次のまん画を見て、後の問題に答えましょう。

(1) 上のまん画の出来事をメモしました。（ ）にあてはまる言葉を書きましょう。

漢字テストで（八十点）を取ってがっかりしたひなさんの妹は、次は必ず（百点）を取ると決めた。
⇐
妹は毎日一生けん命、漢字の練習をした。
⇐
次のテストで、妹は（百点）を取った。

(2) ひなさんの妹はどんな人だと言えるでしょう。ア～ウから選んで、記号を○で囲《かこ》みましょう。

ア 人に負けるのが許《ゆる》せない人。
㋑ 自分で決めたことをやりとげる人。
ウ 好きなことに一生けん命取り組む人。

まん画の出来事や、妹の行動から、どんな人と言えるかを考えよう。

❷ (1) あなたがしょうかいする人を決めましょう。あなたの身の回りには、どんな人がいますか。書き出してみましょう。

（例）
・お母さん　・お父さん　・おばあちゃん
・弟　・いとこのゆうかさん
・クラスメートのまさきさん　・内田さん
・たんにんの小林先生
・サッカークラブの山本コーチ

家族や友達、学校や習い事の先生など、思いうかんだ人を全部書き出そう。

(2) (1)で書き出した中から、しょうかいしたい人を一人《ひとり》選んで書きましょう。

（例）おばあちゃん

その人のことをいいなと思った出来事や、心に残る出来事のある人を選ぶといいよ。

ぼくは、クラスメートのまさきさんのことをしょうかいしたいな。

❸ ❷(2)で決めた人について、心に残っている出来事を一つ思い出して書きましょう。

（例）いっしょに散歩をしたとき、生えている木や、さいている花の名前を教えてくれたり、空の雲の名前を教えてくれたりした。

休み時間に、校庭で一年生が転んでしまったんだ。まさきさんはすぐにかけよって、やさしく声をかけて、保健室《ほけんしつ》に連れていってあげていたよ。

❹ ❸の出来事を通して、❷(2)で決めた人はどんな人だと言えるでしょう。

（例）自然のことをよく知っている人

まさきさんは、とてもやさしくて親切な人だと思うよ。

8　9

10・11ページ

〈あきらさんのメモ〉をよく見て書こう。

出来事と、その人がどんな人かがつながっているかな。「はじめ・中・終わり」でだん落を変えて書こう。

4 身の回りの人をしょうかいする ②

身の回りの人をしょうかいする文章の書き方

身の回りの人についてしょうかいする文章を書くときは、次のような手順で取り組みましょう。

② ① 身の回りの人についてメモにまとめる。
② 次のような構成《こうせい》で文章にまとめる。

はじめ	だれをしょうかいするか。
中	どんな出来事があったか。
終わり	出来事や行動からどんな人と言えるか。

❶ 次の〈あきらさんのメモ〉を見ながら、〈あきらさんの文章〉の□に入る言葉を書きましょう。

〈あきらさんのメモ〉

しょうかいする人	クラスメートのまさきさん
出来事	休み時間に、校庭で一年生が転んでしまったとき、すぐにかけよって、やさしく声をかけて、保健室《ほけんしつ》に連れていってあげていた。
どんな人か	とてもやさしくて親切な人

〈あきらさんの文章〉

（はじめ）
　ぼくは、クラスメートのまさきさんのことをしょうかいします。

（中）
　金曜日の休み時間に、ぼくたちが校庭でドッジボールをして遊んでいると、そばで［一年］［生］が転んでしまったのが見えました。する［と］、まさきさんはすぐに一年生にかけよって、やさしく声をかけ、［保健室］に連れていってあげていました。

（終わり）
　このことから、まさきさんは、［とてもやさしくて親切な人］だと思います。

書き始めは一ます空ける。

行を変えたら一ます空ける。

句点《くてん》（。）や読点（、）が行の初めに来るときは、前の行のいちばん

❷ 身の回りの人をしょうかいする文章を書くための〈あなたのメモ〉を書きましょう。9ページの❷(2)・❸・❹で書いたことをもとにまとめましょう。

〈あなたのメモ〉（例）

しょうかいする人	おばあちゃん
出来事	いっしょに散歩をしたとき、生えている木や、さいている花の名前を教えてくれたり、空の雲の名前を教えてくれたりした。
どんな人か	自然のことをよく知っている人

❸ ❷の〈あなたのメモ〉に書いたことをもとに、原こう用紙の使い方に気をつけて、身の回りの人をしょうかいする文章を書きましょう。

（例）
　わたしは、おばあちゃんをしょうかいします。
　わたしとおばあちゃんは、ときどきいっしょに散歩をします。そのとき、おばあちゃんは、公園や道に生えている木や、さいている花の名前を教えてくれます。また、空にうかぶ雲の名前を、「うろこ雲だよ。」「あれは羊雲。」などと教えてくれます。
　このことから、おばあちゃんは、自然のことをよく知っている人だと思います。

「はじめ」に「しょうかいする人」、「中」に「出来事」、「終わり」に「どんな人か」を書こう。「中」と「終わり」がつながるように書くことがポイントだよ。

10　11

12・13ページ

5 本をしょうかいする ①

本のしょうかいの仕方

本をしょうかいする方法には、ポップ、ポスター、パンフレット、新聞、本の帯などがあります。だれに、どんな場面でしょうかいするかによって、方法を選びましょう。

ここでは、ポップで本をしょうかいする方法を見ていこう。

◆ポップとは
その本を読んでみたくなるように、本の内容《ないよう》や心に残ったところを、短い言葉で伝えるカード。

◆ポップの作り方
① 本の中で自分の心に残っているところや伝えたいところを選ぶ。
② ①で選んだところが伝わるようにキャッチコピーを書く。
③ ②に関わる部分の簡単《かんたん》なあらすじを書く。
④ 本の題名、作者名などを入れる。

キャッチコピーとは、人の注意を引きつけるための短い宣伝の言葉のことだよ。

〈ポップの例〉

見る人が読んでみたくなるような、キャッチコピーを短い言葉で入れる。心に残った本文の言葉などを書いてもよい。

簡単なあらすじ

本のテーマに合わせて、絵をかいたり、字の大きさや紙の形を工夫《くふう》したりする。

本の題名・作者など

『一つの花』今西祐行作（ポプラ社）

12

❶ 次の二つは、「セロひきのゴーシュ（宮沢賢治《みやざわけんじ》作）」のポップです。より効果的《こうかてき》なのは、ア・イのどちらでしょう。記号を○で囲《かこ》みましょう。

㋐

イ

楽団でいちばん演そうの下手なゴーシュが練習しているところへ、夜になるとねこやかっこう、野ねずみなどの動物がおとずれます。かれらとのかかわりを通して、ゴーシュは成長していきます。
セロひきのゴーシュ　宮沢賢治作

どちらがより、見る人の目を引きつけるかを考えてみよう。

❷ 「白いぼうし（あまんきみこ作）」のポップを、あきらさんとひなさんが作りました。だれがどちらのポップを作ったでしょう。二人《ふたり》の言葉を見て、（　）に名前を書きましょう。

あきらさん：ぼくは、松井《まつい》さんがぼうしの下に、ちょうの代わりに夏みかんを置いたのがおもしろかったよ。

ひなさん：わたしは、タクシーに乗っていた女の子が消えてしまって、まどの外にちょうがたくさん飛んでいたことを伝えたいな。

（ひなさん）

（あきらさん）

短いキャッチコピーや絵を入れたり、文字の大きさや紙の形などを工夫《くふう》したりしているほうが人の興味《きょうみ》を引くね。

それぞれが伝えたいことに合うポップを選ぼう。

14・15ページ

6 本をしょうかいする ②

❶ 「ブレーメンの音楽隊」という物語のポップを作ります。文章を読んで、問題に答えましょう。

昔あるところに、年を取ったろばがいました。荷物が運べなくなったろばは、ブレーメンへ行って音楽隊に入ることにしました。少し行くと、犬に会いました。年を取ってかりができなくなった犬も、いっしょにブレーメンへ行く……

『ブレーメンの音楽隊』グリム作（再話《さいわ》）

(1) 上の物語を読んで、いちばん心に残ったところや、おもしろいと思ったところを一つ選んで書きましょう。

（例）四ひきが相談して、どろぼうを追いはらうところ。

わたしは、年を取った動物たちがブレーメンに行って音楽隊に入ろうとしたところがおもしろいと思ったよ。

(2) (1)で選んだところに関わる簡単《かんたん》なあらすじを書きましょう。

（例）年を取って仕事ができなくなり、音楽隊に入るためブレーメンを目指した動物たちが、ちえを使ってどろぼうたちを追いはらった。

こんなふうに考えたよ。

年を取って仕事ができなくなったろばと犬、ねこ、にわとりは、音楽隊に入るため、ブレーメンを目指した。

自分が心に残ったところやおもしろいと思ったところに関する部分が入っていれば、物語全部のあらすじでなくていいよ。

14

❷ ❶で書いたことをもとに、「ブレーメンの音楽隊」（グリム作）をしょうかいするポップを作ります。次のポイントに注意して□にかきましょう。

ポイント
- いちばん心に残ったところや，おもしろいと思ったところをキャッチコピーにする。
- キャッチコピーは，人を引きつけるような短い言葉で書く。
- 簡単なあらすじを入れる。
- 文字の大きさを工夫《くふう》する。絵をかいてもよい。

（例）

4ひきなら
どろぼうだって
追い出せる！

年を取って仕事ができなくなり、音楽隊に入るためブレーメンを目指した動物たち。森の家でちえを使って力を合わせ、なんと、どろぼうたちを追いはらった！

グリム作
ブレーメンの音楽隊

上のポイントをよく考えて、わくの中に自由にかいてみよう。

15

ポイントにしたがってかけたかな。

16・17ページ

7 読書感想文を書く①

読書感想文の書き方

読書感想文は、次のような手順で書きましょう。

① 読書感想文を書く本を決める。
本を決めるときは、図書館に行って実際《じっさい》に本を手に取ったり、インターネットで読みたい本をさがしたりしてみよう。

② 本を読んで、心に残ったところを選ぶ。
本を読むとき、心に残ったところにしおりをはさみながら読んでもよい。後でふり返るときに役に立つよ。

③ 文章の構成《こうせい》を考えて、〈構成メモ〉を書く。
④ 〈構成メモ〉をもとに、読書感想文にまとめる。

◆読書感想文は、次のような構成で書こう。

はじめ	中	終わり
本を読んだきっかけ	・簡単《かんたん》なあらすじ ・本を読んでいちばん心に残ったところはどこか。心に残ったのはなぜか。 ・自分と比《くら》べてどう思うかや、自分ならどうするか。	・本を読んで学んだり、深く感じたりしたこと。 ・その本を読んだうえで、自分はこれからどうしたいか。

◆あらすじのまとめ方
①初めにどんなことがあったか
②次にどんなことがあったか
③最後にどうなったか
をおさえて、話の流れや前後のつながりがわかるように簡潔《かんけつ》にまとめよう。

❶ 「ごんぎつね」のあらすじを書きました。あらすじのまとめ方として、よいほうは、ア・イのどちらでしょう。記号を〇で囲《かこ》みましょう。

書名 「ごんぎつね」
作者名 新美南吉《にいみなんきち》

ア

ひとりぼっちの小ぎつね、ごんは、村でいたずらばかりしていた。ある日、川の中で兵十《ひょうじゅう》が魚をとっているのを見つける。それから十日ほどたって、兵十の母親のそうしきがあった。ごんは、ひとりぼっちになった兵十の家に、いわしを投げこんだり、くりや松たけをとどけたりした。ある夜、兵十は、うちに入ってきたごんを見つけて、火なわじゅうでうってしまうのだった。

（イ）

ひとりぼっちの小ぎつね、ごんは、ある日、兵十がとった魚やうなぎを、いたずら心でにがしてしまう。しかし、そのうなぎは、病気の母親のためのものだったと知って、後《こう》かいする。ごんは、母をなくした兵十の家へ、いわしを投げこんだり、くりや松たけをとどけたりした。ある夜、兵十は、くりを持ってきたごんを見つけ、またいたずらをしに来たと思い、火なわじゅうでうってしまうのだった。

16　17

ごんが後《こう》かいしたことが書いてあるので、ごんが兵十《ひょうじゅう》にくりなどをとどけた理由がよくわかるあらすじになっているね。

18・19ページ

8 読書感想文を書く②

❶ あきらさんは、「ごんぎつね」について読書感想文を書きます。次の、先生とあきらさんのやり取りを読んで、〈あきらさんの構成《こうせい》メモ〉を完成させましょう。

〈あきらさんの構成メモ〉

はじめ	中			終わり
本を読んだきっかけ	簡単《かんたん》なあらすじ	心に残ったところとその理由	自分と比《くら》べてどう思うか	学んだり、深く感じたりしたこと
四年生の国語の授業で読んだことがあり、もう一度読んでみたくなったから。	小ぎつねのごんは、いたずら心から兵十が母親に食べさせようとしていたうなぎをとる。それを後かいして、兵十にくりなどをとどけていたが、それを知らない兵十にうたれてしまう。	ごんが（うたれてしまう）ところ。せっかく兵十のためにごんのしていたことをわかってもらえたのに、うたれてしまって悲しかったから。	自分なら、もう兵十には（近づかない）かもしれない。	ごんは、兵十にあやまりたい気持ちを（行動）で表したからえらい。気持ちは伝わったと思う。

❷ あきらさんは、❶の〈あきらさんの構成メモ〉をもとに、読書感想文を書きました。（　）に合う言葉を書いて、読書感想文を完成させましょう。（例）

〔本を読んだきっかけ〕
ぼくは、「ごんぎつね」を読みました。この本を読んだのは、四年生の国語の授業で読んだことがあり、もう一度読んでみたくなったからです。

〔簡単なあらすじ〕
この物語では、小ぎつねのごんが、いたずら心から、兵十が母親に食べさせようとしていたうなぎをとってしまいます。それを後かいしたごんは、兵十にこっそりくりなどをとどけていました。けれど、それを知らない兵十に、うたれてしまいます。

〔心に残ったところとその理由〕
この物語を読んでいちばん心に残ったのは、（ごんがうたれてしまうところ）です。どうして心に残ったのかというと、（せっかく兵十のためにごんのしていたことをわかってもらえたのに、うたれてしまってとても悲しかった）からです。

〔自分と比べてどう思うか〕
もし、自分がごんだったら、うなぎをとってしまったことを後かいして、（もう兵十には近づかない）のではないかと思いました。

〔本を読んで学んだり、深く感じたりしたこと〕
ぼくは、この本を読んで、ごんが（兵十にあやまりたい気持ちを行動で表した）ことが、えらいと思います。ごんはうたれてしまったけれど、ごんの気持ちはちゃんと兵十に伝わったのではないでしょうか。

18　19

上の、先生とあきらさんのやり取りをよく読もう。

〈あきらさんの構成《こうせい》メモ〉の、「心に残ったところとその理由」に書いてあることをまとめよう。

20・21ページ

自分が選んだ本について、〈構成《こうせい》メモ〉のこう目にしたがって、まとめられたかな。

9 読書感想文を書く③

❶ あなたが読書感想文を書く本を決めましょう。
（　）に本の題名を書きましょう。（例）（「モモ」）

❷ 読書感想文に書くことを、〈構成《こうせい》メモ〉にまとめましょう。

（例）〈構成メモ〉

▼初めにあったこと、次にあったこと、最後にどうなったかをまとめよう。

はじめ	本を読んだきっかけ	兄が、おもしろいとすすめてくれたから。
中	簡単《かんたん》なあらすじ	町のはずれの円形げき場に、モモという女の子が住みつく。ある日、時間貯ちく銀行からはい色の男たちがやってきて、人々の時間をぬすみ始める。モモは、はい色の男たちと戦い、時間を取りもどす。
	心に残ったところとその理由	とこ屋のフージーさんが、はい色の男の言葉を信じて、時間を貯ちくしようとする場面。時間をけんやくするためにどんどんむだを省いていくと、楽しくなくなるというのにはっとしたから。
	自分と比《くら》べてどう思うか	母といっしょにおかし作りをするのが大好き。時間節約のためにおかしを買ってきても楽しくはない。母と話しながらおかし作りをしている時間は、むだな時間ではないと思う。
終わり	学んだり、深く感じたりしたこと	時間がかかるということは、時間をむだにしているわけではない。何かをする時間を楽しみたい。

❸ ❷で書いた〈構成メモ〉をもとに、読書感想文を書きましょう。

（例）

▼合うほうを◯で囲《かこ》もう。

（ぼく・**わたし**）は、（「モモ」）という本を読みました。

本を読んだきっかけ
この本を読んだきっかけは、兄が、おもしろいとすすめてくれたからです。

簡単なあらすじ
まず、町はずれの円形げき場に、モモという女の子が住みつきます。ある日、時間貯ちく銀行からはい色の男たちがやってきて、人々の時間をぬすみ始めます。モモは、はい色の男たちと戦い、時間を取りもどします。

心に残ったところとその理由
わたしが心に残ったのは、とこ屋のフージーさんが、はい色の男の言葉を信じて、時間を貯ちくしようとする場面です。時間をけんやくするためにどんどんむだを省いていくと、楽しくなくなるというのにはっとしたからです。

自分と比べてどう思うか
わたしは、母といっしょにおかし作りをするのが大好きです。時間節約のためにおかしを買ってきても、楽しくはありません。母といろいろなことを話しながらおかし作りをしている時間は、むだではないと思います。

本を読んで学んだり、深く感じたりしたこと
この物語を読んで、時間がかかるということは、時間をむだにしているわけではないと思いました。これからも、何かをする時間を楽しみたいです。

〈構成メモ〉に書いたことを順番に書いていこう。

『モモ』ミヒャエル・エンデ作、大島《おおしま》かおり訳《やく》（岩波《いわなみ》書店）

22・23ページ

10 絵や写真の感想文を書く①

絵や写真の感想文の書き方

印象《いんしょう》に残っている絵や写真について感想を伝える文章は、次のような手順で書きましょう。

① 何の絵や写真について伝えるかを決める。
美術館《びじゅつかん》の展示《てんじ》などで見た絵や写真、本やテレビなどで見た絵や写真を思い出してみよう。

② 絵や写真についての情報《じょうほう》を集める。
いつかかれたり、とられたりしたものか、作者はどんな人なのかなどの情報を、図書館の本やインターネットなどで調べて集めよう。

③ 書く内容《ないよう》を〈構成《こうせい》メモ〉にまとめる。

④ 〈構成メモ〉をもとに感想文を書く。
ただ「きれいだ」「すごい」というだけではなく、どこがどうきれいなのか、すごいのかがわかるように表現《ひょうげん》を工夫《くふう》して書こう。

◆〈構成メモ〉の書き方
印象に残っている絵や写真について感想を伝える文章を書くときは、次のような構成でまとめるとよい。

〈構成メモ〉

はじめ	●印象に残っているのは、だれの何という作品か。 ・いつ、どこで見たかなどがわかれば書く。
中	●絵や写真の情報 ・いつかかれたり、とられたりしたのか。 ・作者はどんな人か。 ●どんなところが印象に残っているか。 ・だれが何をしているところか、何がかかれているかなど、様子を具体的に説明する。 ●なぜ印象に残ったのか。 ・見ているとどんな気持ちになるかなど、好きな理由を書く。
終わり	読む人に、その絵や写真をおすすめする言葉を書く。

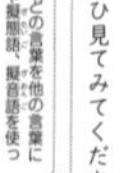

❶ ひなさんは、左の絵について文章を書くために、〈構成メモ〉を書きました。メモをもとに書いた〈ひなさんの感想文〉の（　）に合う言葉を書きましょう。

ゴヤ「闘牛技」20「マドリード闘牛場でのファニート・アピニャーニの敏捷《びんしょう》さと大胆《だいたん》さ」（三重県立美術館所蔵）

※闘牛…人と牛、または、牛と牛が戦う競技。

〈ひなさんの構成メモ〉

はじめ	印象に残っているのは、ゴヤの「闘牛技《とうぎゅうぎ》」という版画《はんが》の中の一まい。
中	・一八一六年に出版《しゅっぱん》された版画集にのっている。 ・作者はゴヤ。一七四六年生まれのスペインの画家。 ・闘牛士《し》が牛と戦っている版画。闘牛士が、ぼうを支《ささ》えに牛の頭の上をこえている。 ・動きが生き生きしていてすごい。 ・本当に闘牛を見ているような気持ちになる。
終わり	機会があったら、ぜひ見てみてください。

〈ひなさんの構成《こうせい》メモ〉をよく読んで書こう。

〈ひなさんの感想文〉

わたしが印象に残っているのは、ゴヤの「闘牛技」という版画の中の一まいです。

この版画は、（一八一六）年に出版された版画集にのっています。作者のゴヤは、一七四六年生まれの（スペイン）の画家です。

この版画では、闘牛士が（牛）と戦っているところがえがかれています。闘牛士は、一本の（ぼう）を支えにして、ぼう高とびの選手のように、牛の頭の上をこえています。闘牛士と牛の動きが生き生きしていて、かっこいいので印象に残りました。版画を見ているだけで、本当に（闘牛）を見ているような気持ちになってわくわくしてきます。

機会があったら、ぜひ見てみてください。

「きれい」「すごい」などの言葉を他の言葉に言いかえたり、たとえや擬態語《ぎたいご》、擬音語《ぎおんご》を使って表したりしてみよう。

24・25ページ

11 絵や写真の感想文を書く❷

❶ 次の二まいの絵のうち、あなたが好きな絵をア・イから選んで、記号を○で囲《かこ》みましょう。

ア

（例）㋑

アの絵の情報《じょうほう》
話し合う猫たちをえがいた絵
作者…歌川国芳《うたがわくによし》（1798年～1861年）江戸《えど》時代に活やくした浮世絵師《うきよえし》。
浮世絵…江戸時代に流行した、人々の風ぞくをえがいた絵。

イの絵の情報
「医師《いし》ガシェのしょう像《ぞう》」（版画《はんが》）
作者…ゴッホ（1853年～1890年）オランダの画家。
えがかれた年…1890年
ガシェ医師…ゴッホの主治医。

❷ ❶で選んだ絵について、感想文を書くための〈構成《こうせい》メモ〉を書きましょう。

〈構成メモ〉（例）

はじめ	中	終わり
好きなのは、（ゴッホ）の（「医師ガシェのしょう像」）の絵。	▼絵の情報を書こう。 ・作者は一八五三年生まれの、オランダの画家ゴッホ。 ・ゴッホの主治医だった医師のしょう像。口ひげを生やした人が、パイプをくわえている。かみの毛の一本一本までえがかれている。 ▼好きなところや印象《いんしょう》に残ったところと、その理由を書こう。 ・医師の表情が印象的。 ・こまっているようにも、悲しんでいるようにも見えるから。何を考えているのか知りたい。	機会があったら、ぜひ見てみてください。

24

絵を見て感じたことを自由に書こう。

❸ ❷で〈構成メモ〉にまとめた内容《ないよう》をもとに、❶で選んだ絵について感想を伝える文章を書きましょう。

印象に残っているのは、だれの何という作品か

（例）
▼合うほうを◯で囲《かこ》もう。（ぼく）・わたし は、▼選んだ絵の作者を書こう。（ゴッホ）の（「医師ガシェのしょう像」）の絵が印象に残りました。

絵の情報

この絵は、一八五三年生まれのオランダの画家、ゴッホの作品です。ゴッホの主治医だった医師のしょう像で、医師は、口ひげを生やして、パイプをくわえています。版画ですが、くねくねしたかみの毛の一本一本まで、えがかれています。

どんなところが印象に残っているか、また、それはなぜか

ぼくは、医師の表情が印象的でした。こまっているようにも、悲しんでいるようにも見えるからです。何を考えているのか知りたくなります。

おすすめする言葉

機会があったら、ぜひ見てみてください。

絵について具体的に伝わるように、表現《ひょうげん》を工夫《くふう》して書けたかな。

25

26・27ページ

12 体験したことを書く❶

体験したことを文章に書く書き方

体験したことを文章に書くときは、次のような手順で取り組みましょう。

① 体験したことを思い出して、いくつか書き出す。

特別な体験でなくていいよ。家や学校であったことを思い出してみよう。

② 書き出したことの中から、伝えたい体験を一つ選ぶ。

どんなことがあったか、くわしく思い出せる体験を選ぼう。

③ 体験をくわしく思い出して、〈構成《こうせい》メモ〉を書く。
・出来事を順序《じゅんじょ》よく思い出そう。
・したこと、見たこと、言ったこと、聞いたことなどを思い出そう。

④ 〈構成メモ〉をもとに文章を書く。

◆〈構成メモ〉の書き方

〈構成メモ〉は、「はじめ」「中」「終わり」の組み立てて書いてみよう。

〈構成メモ〉

はじめ	中	終わり
どん	体験 ・初 ・次に何があったか。	そのことを書きだしな

まん画をよく見て書こう。

話したことや、聞いたことは、そのまま書くといいよ。

❶ ひなさんのとう芸体験についてのまん画を見て、〈ひなさんのメモ〉の（　）に合う言葉を書きましょう。

〈とう芸の体験教室で〉

26

〈ひなさんのメモ〉

体験のくわしい内容
・初めに何があったか。
ろくろにねん土をのせて、ろくろを回転させた。真ん中に（あな）を空けて、指で広げていった。
・次に何があったか。
でき上がったと思ったら、（力）が入りすぎて、形がくずれてしまった。教室の先生が、「（だいじょうぶ）。もう一度やってみましょう。」と言ってくれた。
・最後に何があったか。そのときどう思ったか。
もう一度初めからちょう戦して、今度はうまく湯のみ茶わんの形ができた。焼いてもらうのが（楽しみ）だ。

次は、ここで書いたことをもとに、文章を書いていくよ。

27

28・29ページ

13 体験したことを書く ❷

❶ ひなさんは、体験したことを〈構成《こうせい》メモ〉にまとめました。〈ひなさんの構成メモ〉を見て、〈ひなさんの文章〉の（　）に合う言葉を書きましょう。

〈ひなさんの構成メモ〉

はじめ	とう芸教室で、ろくろ体験をした。
中	・ろくろにねん土をのせて、ろくろを回転させた。真ん中にあなを空けて、指で広げた。 ・でき上がったと思ったら、力が入りすぎて、形がくずれてしまった。教室の先生が、「だいじょうぶ。もう一度やってみましょう。」と言ってくれた。 ・もう一度初めからちょう戦して、今度はうまく湯のみ茶わんの形ができた。焼いてもらうのが楽しみだ。
終わり	もっといろいろなものを作ってみたい。

〈ひなさんの文章〉

わたしは、とう芸教室でろくろ体験をしました。

まず、ろくろにねん土をのせて、（回転）させました。真ん中にあなを空けて、指で広げました。

ところが、でき上がったと思ったら、力が入りすぎて、形が（くずれて）しまいました。すると、教室の先生が、

「だいじょうぶ。もう一度やってみましょう。」

と言ってくれました。

そこで、もう一度初めからちょう戦して、今度はうまく湯のみ茶わんの形ができました。焼いてもらうのが楽しみです。

もっといろいろなものを作ってみたいと思いました。

×わたしが学んだことは、〜学びました。
○わたしは、〜を学びました。

〈ひなさんの構成《こうせい》メモ〉をよく見て書こう。

28

❷ あなたが最近体験したことを文章に書く準備《じゅんび》をします。

(1) 最近体験したことを思い出して三つ書きましょう。

(2) 書いた中から、文章に書いて伝えたいことを一つ選んで、□に○を書きましょう。

例 ◎ 家庭科の時間にポテトサラダを作った。

（例）

◎ ほたる公園にほたるを見に行った。

□ 弟と庭の草むしりをした。

□ スイミングの進級テストに合格した。

出来事を順番にくわしく思い出してみよう。だれかといっしょにした体験の場合は、相手や自分が言ったことも思い出そう。

❸ ❷で選んだ体験について順序《じゅんじょ》よく思い出し、したことや見たこと、言ったこと、聞いたことなどを書きましょう。

・初めに何があったか。

（例）お父さんと弟といっしょに、電車に乗って、ほたる公園に行った。そこで、暗くなるのを待った。

・次に何があったか。

（例）うす暗くなってきたら、しげみや水辺でほたるが光りながら飛ぶのが見えた。弟と、思わず、「きれい！」とさけんだ。

・最後に何があったか。そのときどう思ったか。

（例）暗くなるにつれて、たくさんのほたるが飛んで、青緑の光の線が空中をゆらゆらした。夢の世界みたいだった。

29

30・31ページ

14 体験したことを書く ❸

❶ 29ページ❸で書いたことをもとに、〈構成《こうせい》メモ〉をまとめましょう。

〈構成メモ〉（例）

はじめ	▼どんな体験をしたか。 ほたる公園にほたるを見に行った。
中	▼初めに何があったか。 お父さんと弟といっしょに、電車に乗って、ほたる公園に行った。そこで、暗くなるのを待った。 ▼次に何があったか。 うす暗くなってきたら、しげみや水辺でほたるが光りながら飛ぶのが見えた。弟と、思わず、「きれい！」とさけんだ。 ▼最後に何があったか。そのときどう思ったか。 暗くなるにつれて、たくさんのほたるが飛んで、青緑の光の線が空中をゆらゆらした。夢の世界みたいだった。
終わり	▼体験を通して感じたことや学んだこと。 とても美しくて感動した。来年もまた見たい。

30

体験を終えてどう感じたか、次にどうしたいかなどを書こう。

の〈構成メモ〉を見て、文章を書きましょう。

▼どんな体験をしたかを書こう。

わたしは、ほたる公園にほたるを見に行きました。

▼体験のくわしい内容《ないよう》を書こう。

お父さんと弟といっしょに、電車に乗って、ほたる公園に行きました。まだ明るかったので、公園の中で暗くなるのを待ちました。

うす暗くなってきたら、しげみや水辺でほたるが光りながら飛ぶのが見え始めました。わたしと弟は、思わず、

「きれい！」

とさけんでしまいました。

暗くなるにつれて、たくさんのほたるが飛んで、青緑の光の線が、空中をゆらゆらしました。夢の世界のようでした。

▼体験を通して感じたことや学んだことを書こう。

とても美しくて感動しました。来年もまた見たいです。

話したことは，改行して「　」に入れて書こう。

メモに書いたことをそのままつなげていくと、文章になるよ。

主語と述語《じゅつご》が正しくつながっているか確《たし》かめよう。

32・33ページ

15 社会科見学の報《ほう》告《こく》文《ぶん》を書く❶

見学して報告文を書くときの書き方

社会科見学など見学したところについて報告文を書くときは、次のような手順でまとめましょう。

① 見学するとき
・見たことや聞いたこと、気づいたことを書きとめて〈見学メモ〉を作る。
・見学先の人に、聞きたいことをインタビューして、〈インタビューメモ〉を作る。
・パンフレットなど資料《しりょう》があれば入手する。

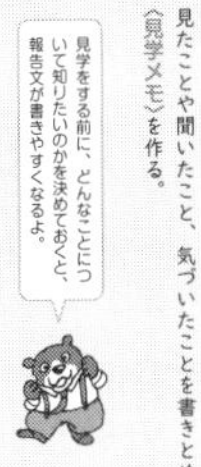

② 見学した後
・取った〈メモ〉を整理して、書く内容《ないよう》を選ぶ。
・〈メモ〉や資料をもとに、報告文を書く。

報告文の構成

報告文は、次のような構成で書こう。

1 調べたことと調べた理由
2 調べてわかったこと
3 調べた感想

インタビューの仕方

見学先の方にインタビューをするときは、次のようなことに気をつけよう。

① インタビューする前
・質問《しつもん》を事前に考えてメモしておく。

② インタビューをするとき
・メモを取りながら聞く。
・質問をして、疑問《ぎもん》に思ったことや、もっと知りたいと思ったことは、その場で聞く。
・あいさつやお礼の言葉をきちんと言う。
・ていねいな言葉ではっきりと話す。

❶ 次の報告文を読んで、問題に答えましょう。

パン工場の見学
中川《なかがわ》 そうま

1 [　　　　]
学校の給食にはよくコッペパンが出ます。そのコッペパンがどのように作られるのか知りたいと思いました。

2 [　　　　]
(1) コッペパンができるまで
まず、ミキサーという機械で、小麦粉《こむぎこ》、水、パンこうぼなどを混《ま》ぜ、パン生地を作ります。次に、作った生地を機械で一食分の大きさに切って、丸めます。生地をしばらく休ませた後、コッペパンの形にします。そして、発こう室に一時間ほど入れてふくらませてから、オーブンで焼きます。

(2) 安全なパンを作る工夫《くふう》
安全なパンを作るために、できたパンは金属探知機《きんぞくたんちき》を通して、食物以外の物が混じっていないか確《たし》かめます。人の目でも一つずつ確認《かくにん》するそうです。

3 [　　　　]
コッペパンができるまでにさまざまな工程《こうてい》があるとわかりました。これから給食のパンをもっと味わって食べたいと思います。

(1) 報告文の1～3の見出しに合うものを[　]から選んで、（　）に記号を書きましょう。

1（イ）　2（ア）　3（ウ）

ア 調べてわかったこと
イ 調べたことと調べた理由
ウ 調べた感想

(2) 報告文の[　]に入れるとよい絵を、次のア～ウから選んで、記号を○で囲《かこ》みましょう。

答え：イ

32　33

報告文《ほうこくぶん》の1～3をよく読んで、どんな内容《ないよう》が書かれているか確《たし》かめよう。

34・35ページ

16 社会科見学の報《ほう》告《こく》文《ぶん》を書く❷

❶ あきらさんとひなさんは、自動車工場の見学に来ました。次のまん画を見て、問題に答えましょう。

〈自動車工場見学の様子〉

(1) あきらさんとひなさんが、自動車工場見学をしながらメモを取りました。（　）に合う言葉を書き、〈見学メモ〉を完成させましょう。

〈見学メモ〉

・自動車をつくる工程…（五）つ
　プレス→よう接→とそう→組み立て→検査
①プレス…プレス機を使って（鉄板）を切り、大きな部品をつくる。ドアなど。
②よう接…ロボットが部品をよう接する。
③とそう…と料を（四）回重ねてぬる。
④組み立て…車体に、シートや（エンジン）などを取り付けて組み立てる。
⑤検査…（千）こう目以上行う。

まん画の工場の人の説明をよく読もう。

〈インタビューの様子〉

(2) あきらさんとひなさんが、工場の人にインタビューをしながらメモを取りました。〈インタビューの様子〉を見て（　）に合う言葉を書き、〈インタビューメモ〉を完成させましょう。

〈インタビューメモ〉

・質問《しつもん》
　車をつくるうえでかんきょうに配りょしている取り組みはあるか。
・答え
・部品は（リサイクル）して使うようにしている。
・工場の屋根に（ソーラーパネル）を取り付けて、太陽光を利用し、二酸化炭素《にさんかたんそ》のはい出をおさえている。

例
「それからとそうをするよ。」
↓
「それからとそうをします。」

34　35

工場の人が、インタビューに答えている言葉に注目しよう。

36・37ページ

17 社会科見学の報告文《ほうこくぶん》を書く ③

❶ 次の〈メモ〉と自動車工場でもらった〈パンフレット〉をもとに、ひなさんが〈報告文《ほうこくぶん》〉を書きました。後の問題に答えましょう。

(1) 〈ひなさんの報告文〉の□に見出し、（　）に合う言葉を書きましょう。うすい字はなぞりましょう。

(2) 〈ひなさんの報告文〉の□に入れるとよい図を〈パンフレット〉のア・イから選んで、□の□に記号を書きましょう。

〈見学メモ〉

・自動車をつくる工程《こうてい》…五つ
プレス→よう接《せつ》→とそう→組み立て→検査《けんさ》
①プレス…プレス機を使って鉄板を切り、大きな部品をつくる。ドアなど。
②よう接…ロボットが部品をよう接する。
③とそう…と料を四回重ねてぬる。
④組み立て…車体に、シートやエンジンなどを取り付けて組み立てる。
⑤検査…千

〈インタビューメモ〉

・質問《しつもん》
車をつくるうえでかんきょうに配りょしている取り組みはあるか。
・答え
・部品はリサイクルして使うようにしている。
・工場の屋根にソーラーパネルを取り付けて、太陽光を利用し、二酸化炭素《にさんかたんそ》のはい出をおさえている。

〈パンフレット〉

自動車工場にようこそ！

自動車ができるまでを見学しよう！

ア

きょうにやさしい
カーの仕組みを
う！

36

〈ひなさんの報告文〉

自動車ができるまで

川村《かわむら》　ひな

1 調べたことと調べた理由
わたしの家では、家族で出かけるときによく車を使います。その車がどのようにつくられているのか、知りたいと思いました。

2 調べてわかったこと

(1) 自動車のつくり方
自動車をつくる工程は、プレス、よう接、とそう、組み立て、検査の五つです。（例）（まず、プレス機を使って鉄板を切り、ドアなどの大きな部品をつくります）。次に、その部品をロボットがよう接して、車の形になります。それから、とそうをします。と料を四回重ねてぬってきれいに仕上げます。（例）（そして、車体に、シートやエンジンなどの部品を取り付けて組み立てます）。最後に、千こう目以上の（検査）をして、合格《ごうかく》した車だけが出荷《しゅっか》されます。

ア

(2) かんきょうに配りょした取り組み
この工場では、自動車の部品はリサイクルして使っているそうです。工場の屋根にはソーラーパネルを取り付けて、（太陽光）を利用し、二酸化炭素のはい出をおさえています。

3 調べた感想
安全な自動車をつくるために、千こう目以上の検査をしていると知っておどろきました。乗る人も、安全運転をしなくてはならないと強く思いました。

37

2には、実際《じっさい》に工場見学をしたり、インタビューをしたりして、わかったことを書いているね。

自動車のつくり方の説明がわかりやすくなるほうの絵を選ぼう。

38・39ページ

18 興味《きょうみ》をもって取り組んでいることについて書く ①

興味をもって取り組んでいることについての文章の書き方

自分が興味をもって取り組んでいることについて文章を書くときは、次のような手順で書きましょう。

① 興味をもって取り組んでいることを一つ選ぶ。

② 選んだことについて次のような観点でふり返る。
・興味をもつようになったきっかけは何か。
・どんなところが楽しいか。
・見たり、聞いたり、取り組んだりしていると、どんな気持ちになるか。
・おすすめのポイントは何か。
・これからどうしたいか。どうなりたいか。（目標）

❶ 次のまん画を見て、あきらさんが興味をもって取り組んでいることについて、次ページの〈あきらさんのメモ〉を完成させましょう。

38

〈あきらさんのメモ〉

・興味をもって取り組んでいること
スケートボード
・興味をもつようになったきっかけは何か。
（いとこ）がやっていて、楽しそうだったから。
・どんなところが楽しいか。
すべっていると（気持ちがいい）ところ。
・やっているとどんな気持ちになるか。
わざが決まったときは、（うれしい）気持ちになる。
・おすすめのポイントは何か。
（友達）がたくさんできるところ。
・これからどうしたいか。
もっと練習して、大会で（ゆう勝）したい。

❷ ❶の〈あきらさんのメモ〉を見て、（　）に合う言葉を書き、〈あきらさんの文章〉を完成させましょう。

〈あきらさんの文章〉

今、ぼくが興味をもって取り組んでいることは、（スケートボード）です。

興味をもつようになったきっかけは、一年前にいとこがやっているのを見て、（楽しそう）だと思ったことです。

すべっているときは、とても気持ちがいいです。また、（わざが決まった）ときは、とてもうれしい気持ちになります。

さらに、スケートボードをやっていると、同じようにスケートボードをやっている友達がたくさんできるのもおすすめポイントです。

これからは、もっと（練習）して、大会でゆう勝できるようになりたいです。

39

まん画をよく読んで書こう。

〈あきらさんのメモ〉をよく見て書こう。メモの内容《ないよう》をつなげると、文章になるね。

40・41ページ

興味《きょうみ》をもって取り組んでいることをいくつか挙げられたかな。三つ書けていなくてもいいよ。

自分のことをよく思い出して、質問《しつもん》に答えよう。

〈メモ〉に書いたことをつなげて、文章にできているかな。

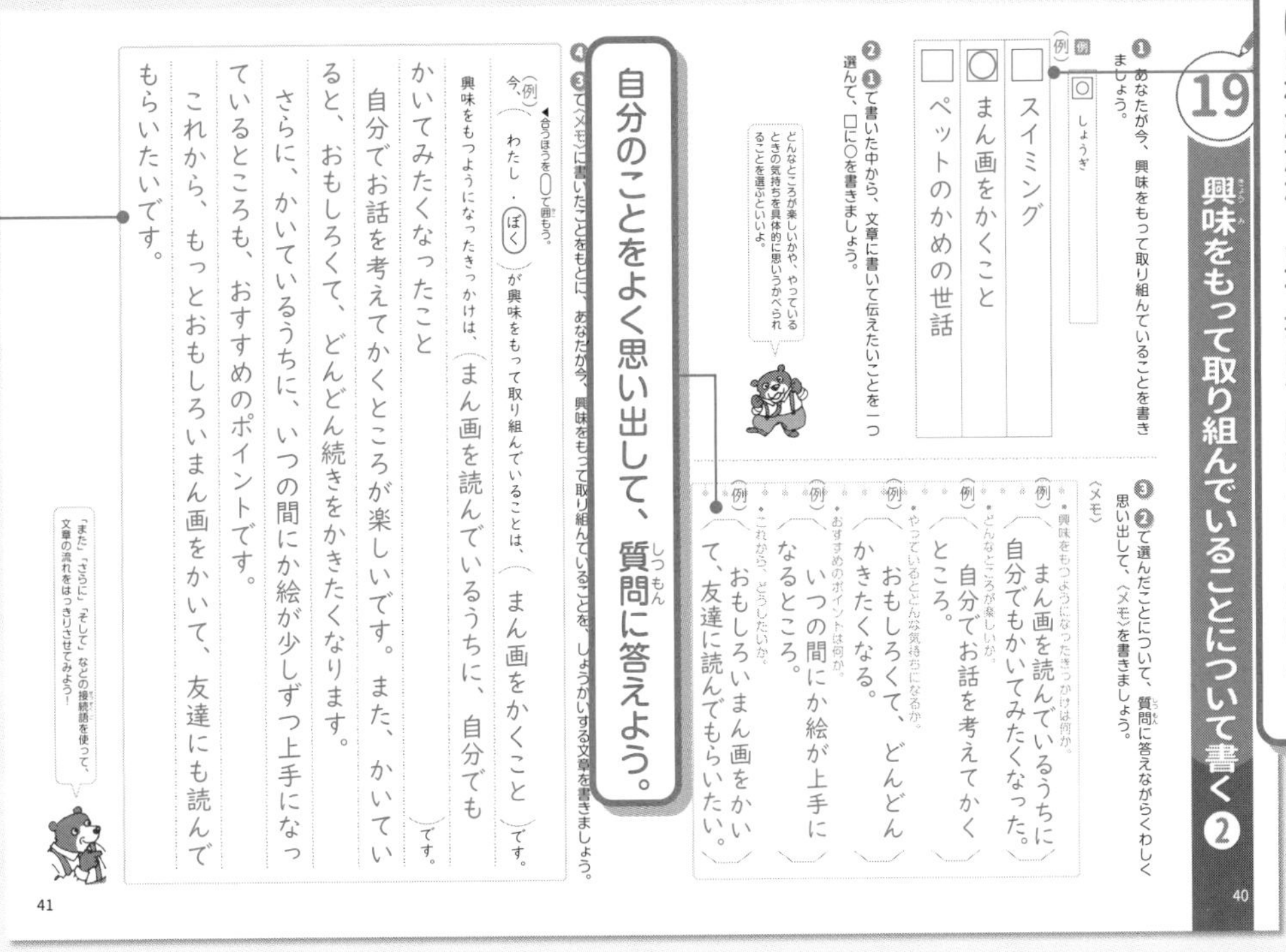

19 興味《きょうみ》をもって取り組んでいることについて書く②

❶ あなたが今、興味をもって取り組んでいることを書きましょう。

例 ○ しょうぎ

(例)
□ スイミング
◎ まん画をかくこと
□ ペットのかめの世話

❷ ❶で書いた中から、文章に書いて伝えたいことを一つ選んで、□に○を書きましょう。

❸ ❷で選んだことについて、質問《しつもん》に答えながらくわしく思い出して、〈メモ〉を書きましょう。

〈メモ〉

・興味をもつようになったきっかけは何か。
(例)（まん画を読んでいるうちに自分でもかいてみたくなった。）

・どんなところが楽しいか。
(例)（自分でお話を考えてかくところ。）

・やっているとどんな気持ちになるか。
(例)（おもしろくて、どんどんかきたくなる。）

・おすすめのポイントは何か。
(例)（いつの間にか絵が上手になるところ。）

・これから、どうしたいか。
(例)（おもしろいまん画をかいて、友達に読んでもらいたい。）

40

❹ ❸で〈メモ〉に書いたことをもとに、あなたが今、興味をもって取り組んでいることを、しょうかいする文章を書きましょう。

▼合うほうを◯で囲《かこ》もう。

(例)
今、（わたし・ぼく）が興味をもって取り組んでいることは、（まん画をかくこと）です。
興味をもつようになったきっかけは、（まん画を読んでいるうちに、自分でもかいてみたくなったこと）です。

自分でお話を考えてかくところが楽しいです。また、かいていると、おもしろくて、どんどん続きをかきたくなります。

さらに、かいているうちに、いつの間にか絵が少しずつ上手になっているところも、おすすめのポイントです。

これから、もっとおもしろいまん画をかいて、友達にも読んでもらいたいです。

41

42・43ページ

まん画のひなさんの言葉に注目しよう。

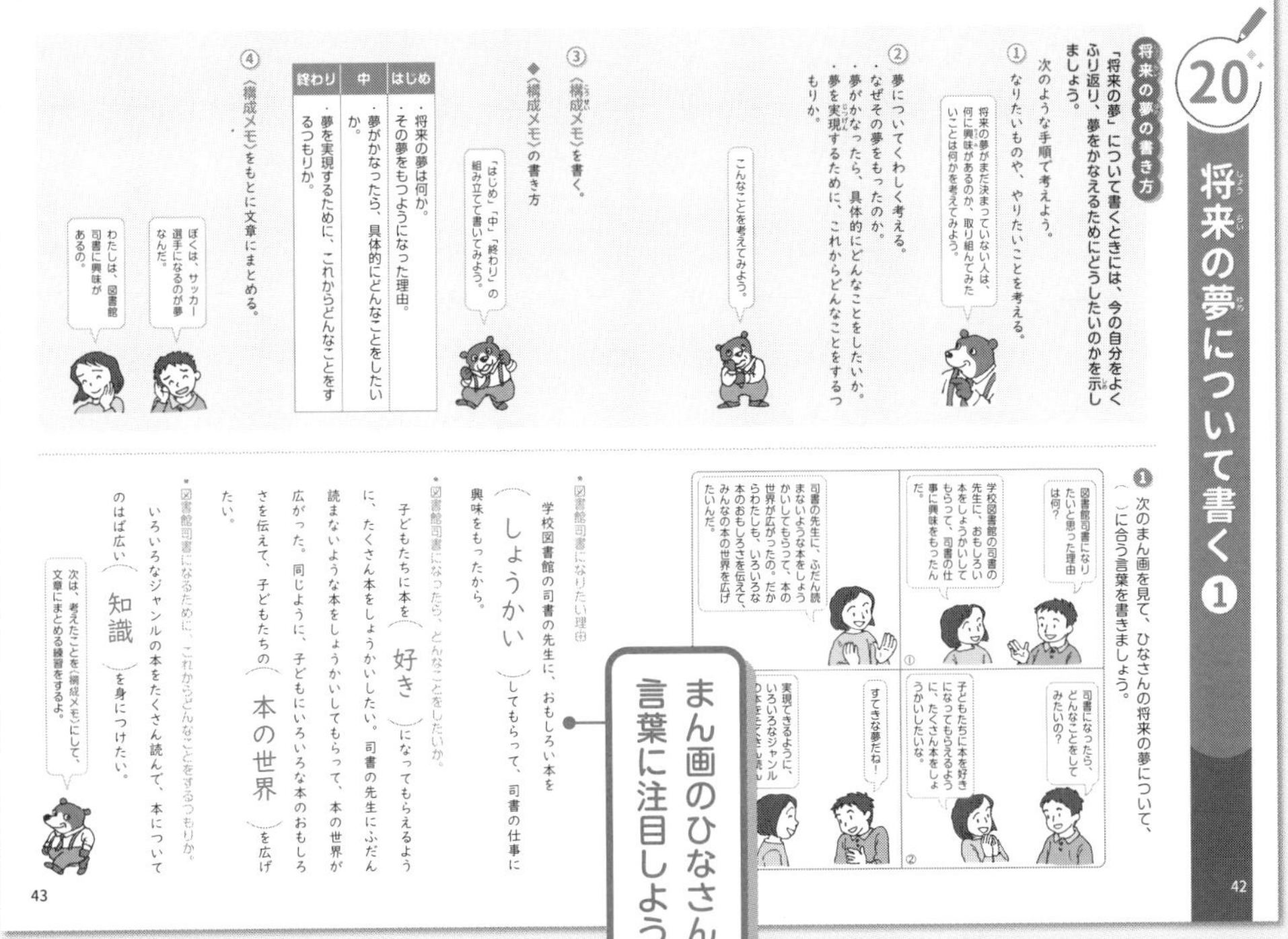

20 将来《しょうらい》の夢《ゆめ》について書く①

将来の夢の書き方

「将来の夢」について書くときには、今の自分をよくふり返り、夢をかなえるためにどうしたいのかを示《しめ》しましょう。

次のような手順で考えよう。

① なりたいものや、やりたいことを考える。

② 夢についてくわしく考える。
・なぜその夢をもったのか。
・夢がかなったら、具体的にどんなことをしたいか。
・夢を実現《じつげん》するために、これからどんなことをするつもりか。

③ 〈構成《こうせい》メモ〉を書く。

◆〈構成メモ〉の書き方

はじめ	中	終わり
・将来の夢は何か。 ・その夢をもつようになった理由。	・夢がかなったら、具体的にどんなことをしたいか。	・夢を実現するために、これからどんなことをするつもりか。

④ 〈構成メモ〉をもとに文章にまとめる。

❶ 次のまん画を見て、ひなさんの将来の夢について、（　）に合う言葉を書きましょう。

42

・図書館司書になりたい理由
学校図書館の司書の先生に、おもしろい本を（しょうかい）してもらって、司書の仕事に興味をもったから。

・図書館司書になったら、どんなことをしたいか。
子どもたちに本を（好き）になってもらえるように、たくさん本をしょうかいしたい。司書の先生にふだん読まないような本をしょうかいしてもらって、本の世界が広がった。同じように、子どもにいろいろな本のおもしろさを伝えて、子どもたちの（本の世界）を広げたい。

・図書館司書になるために、これからどんなことをするつもりか。
いろいろなジャンルの本をたくさん読んで、本についてのはば広い（知識）を身につけたい。

43

44・45ページ

21 将《しょう》来《らい》の夢《ゆめ》について書く ❷

❶ 〈ひなさんの構成《こうせい》メモ〉を見て、〈ひなさんの文章〉の（　）に入る言葉を書き、文章を完成させましょう。

〈ひなさんの構成メモ〉

はじめ	中	終わり
・将来《しょうらい》の夢《ゆめ》は図書館司書。 ・図書館の司書の先生に、おもしろい本をしょうかいしてもらって、司書の仕事に興味《きょうみ》をもったから。	・子どもたちに本を好きになってもらえるように、たくさんの本をしょうかいしたい。 ・司書の先生にふだん読まないような本をしょうかいされて、本の世界が広がった。 ・いろいろな本のおもしろさを伝えて、子どもたちの本の世界を広げたい。	・いろいろなジャンルの本をたくさん読んで、本についてのはば広い知識《ちしき》を身につけたい。

〈ひなさんの文章〉

（はじめ）
わたしの将来の夢は、（図書館司書）になることです。図書館の司書の先生におもしろい本をしょうかいしてもらって、司書の仕事に興味をもったからです。

（中）
もし司書になったら、子どもたちに本を好きになってもらえるように、たくさんの本を（しょうかい）したいです。わたしは、司書の先生にふだん読まないような本をしょうかいされて、本の世界が広がりました。同じように、いろいろな本の（おもしろさ）を伝えて、子どもたちの本の世界を広げたいです。

（終わり）
そのために、いろいろなジャンルの本をたくさん読んで、本についての（はば広い）知識を身につけていきたいです。

〈ひなさんの構成《こうせい》メモ〉をよく読もう。

❷ あなたの将来の夢を書きましょう。

（例）じゅう医

❸ 次の質問《しつもん》に答えながら、あなたの将来の夢について考えてみましょう。

・どんなきっかけがあって、その夢をもつようになったのか。

（例）家で飼っているねこが病気になったとき、じゅう医さんが、休みなのに病院を開けてしん察してくれてとてもありがたかった。ぼくも動物が大好きなのでこんなじゅう医さんになりたいと思った。

・夢がかなったら、具体的にどんなことをしたいか。

（例）二十四時間、いつでもしん察できるような動物病院を開きたい。

・右のことをしてみたいのは、どうしてか。

（例）休みの日や夜中にペットが病気になっても、いつでもしん察してくれるお医者さんがいたら、ペットも飼い主も安心だから。

・夢を実現《じつげん》するために、これからどんなことをするつもりか。

（例）いろいろな動物について勉強しておこうと思っている。

してみたいことを具体的に考えられたかな。

46・47ページ

22 将来《しょうらい》の夢《ゆめ》について書く ❸

❶ あなたの将来《しょうらい》の夢《ゆめ》について、45ページで書いたことを〈構成《こうせい》メモ〉にまとめましょう。

〈構成メモ〉（例）

はじめ	中	終わり
◀将来の夢は何かを書こう。 じゅう医 ◀その夢をもつようになった理由を書こう。 家で飼っているねこが病気になったとき、じゅう医さんが、休みなのに病院を開けてしん察してくれてとてもありがたかった。ぼくも動物が大好きなのでこんなじゅう医さんになりたいと思った。	◀夢がかなったらどんなことをしたいか、なぜしたいかなどを具体的に書こう。 二十四時間、いつでもしん察できるような動物病院を開きたい。休みの日や夜中にペットが病気になっても、いつでもしん察してくれるお医者さんがいたら、ペットも飼い主も安心だから。	◀夢を実現《じつげん》するために、これからどんなことをするつもりかを書こう。 いろいろな動物について勉強しておこうと思っている。

❷ ❶の〈構成メモ〉を見て、文章を書きましょう。

（例）
◀合うほうを〇で囲《かこ》もう。
（わたし・ぼく）の将来の夢は、（じゅう医）です。
◀あなたの将来の夢は何かを書こう。

家で飼っているねこが病気になったとき、休みなのにじゅう医さんが病院を開けてしん察してくれて、とてもありがたかったです。ぼくも動物が大好きなので、こんなじゅう医さんになりたいなと思いました。

じゅう医になったら、二十四時間いつでもしん察が受けられる動物病院を開きたいです。休みの日や夜中にペットが病気になっても、いつでもしん察してくれるじゅう医がいたら、ペットも飼い主も安心だからです。

これから、さまざまな動物をしん察できるように、いろいろな動物について勉強しておこうと思っています。

〈構成メモ〉に書いたことをつなげると、文章になるよ。

48・49ページ

23 調べたことを書く①

意見文や報告文を書くための情報の集め方

自分の意見や考えを説明するときには、客観的な情報を集めて、それを用いて説明することで、説得力《せっとくりょく》をもたせることができます。
情報の集め方を見ていきましょう。

◆情報の集め方や調べ方とその特ちょう

集め方・調べ方	特ちょう
図書館などの本で調べる。	・専門家《せんもんか》の意見を知ることができる。 ・情報は信らいできるものが多い。
インターネットで調べる。	・世界の最新の情報を簡単《かんたん》に調べられる。
インタビューする。	・質問《しつもん》や疑問《ぎもん》をその場で聞くことができる。 ・相手の考えや思いを聞くことができる。
アンケートを取る。	・一度にたくさんの人の意見を聞くことができる。
実際《じっさい》に見て調べる。	・色や形、大きさなど、実際の様子がわかる。

◆情報を集めるときに注意すること

●本は、出版《しゅっぱん》されてから時間がたっていると、情報が古くなっている可能性《かのうせい》があるので、いつの情報かを確認《かくにん》する。

●インターネットの情報は、不正確な場合もあるので、複数《ふくすう》のウェブサイトで確認したり、信らいできるウェブサイトかどうかを確《たし》かめたりする。

●調べた情報を使うときは、自分の意見や考えを支《ささ》える情報を選ぶ。

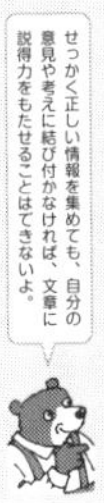

❶ 次の文は、どの情報の集め方の説明でしょう。[ ]から選んで、（　）に記号を書きましょう。（二回使う記号もあります。）

（イ）最新の情報を知ることができる。

（ア）信らいできる情報を得《え》ることができる。

（エ）クラスの人の意見を一度に聞くことができる。

（イ）自宅《じたく》で簡単に調べることができる。

（ウ）わからないことは、その場で質問することができる。

ア　図書館などの本で調べる。
イ　インターネットで調べる。
ウ　インタビューする。
エ　アンケートを取る。

❷ あきらさんは、小学生のインターネットとのつき合い方について調べて、報告《ほうこく》する文章を書くことにしました。次のあきらさんの考えを読んで、使うとよい資料《しりょう》をア〜エから二つ選び、記号を〇で囲《かこ》みましょう。

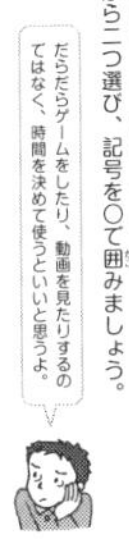

ア

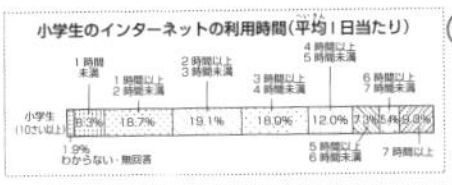

イ

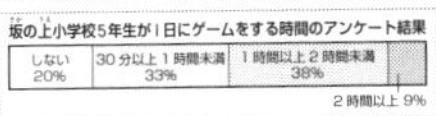

ウ

青少年のインターネットの利用内容《ないよう》

	投稿やメッセージを交換する	検索する	音楽を聴く	動画を見る	ゲームをする	勉強をする
小学生（10さい以上）	38.2%	65.8%	50.8%	84.2%	84.5%	55.8%
中学生	72.2%	82.3%	79.4%	91.3%	81.1%	64.5%

エ

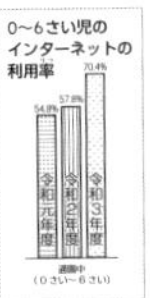

※ア・ウ・エは、「令和3年度　青少年のインターネット利用環境実態調査　調査結果（速報）」（内閣府）をもとに作成。

ゲームはインターネットを使うとは限《かぎ》らないね。

0〜6さいの子どもの情報《じょうほう》だね。

50・51ページ

24 調べたことを書く②

資料を活用して文章を書く方法①

意見文や報告文《ほうこくぶん》などを書くときには、資料をもとにすることで、説得力《せっとくりょく》のある文章を書くことができます。
次のような点に注意して資料を読み取り、活用しましょう。

◆資料を活用するときに注意すること

●資料の数値《すうち》が大きいところや小さいところ、全体のけい向などに注目する。

●複数《ふくすう》の資料があるときは、関連づけられるところがないか考える。

★自分の考えに都合よく資料を関連づけないように注意する。

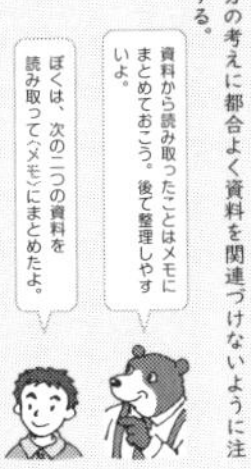

例　小学生のインターネットとの付き合い方について。

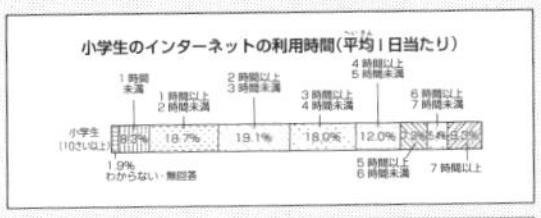

青少年のインターネットの利用内容《ないよう》

	投稿やメッセージを交換する	検索する	音楽を聴く	動画を見る	ゲームをする	勉強をする
小学生（10さい以上）	38.2%	65.8%	50.8%	84.2%	84.5%	55.8%
中学生	72.2%	82.3%	79.4%	91.3%	81.1%	64.5%

〈あきらさんのメモ〉

・小学生の平均一日当たりのインターネット利用時間
一時間以上二時間未満……18.7%
二時間以上三時間未満……19.1%
三時間以上四時間未満……18.0%
四時間以上……34.0%
・小学生のインターネットの利用内容
ゲームをする・動画を見る……約84%以上
・わかったこと
一日に二時間以上インターネットを利用している小学生は約70%以上。80%以上の小学生が、ゲームをしたり、動画を見たりしている。

❶ ひなさんは、次の資料を見てわかることを〈ひなさんのメモ〉に書きました。（　）に合う言葉や数字を書きましょう。また、合う言葉を〇で囲《かこ》みましょう。

図書館数の推移《すいい》

平成11年度	2,592　館
14	2,742
17	2,979
20	3,165
23	3,274
27	3,331
30	3,360
令和3	3,400

文部科学省「令和3年度社会教育調査の中間報告」をもとに作成

国民1人当たりの貸《か》し出《だ》し冊数《さっすう》・貸し出し回数の推移

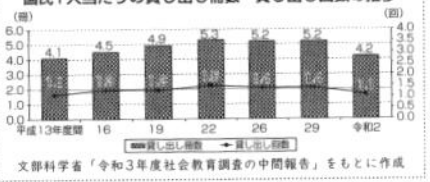

文部科学省「令和3年度社会教育調査の中間報告」をもとに作成

〈ひなさんのメモ〉

・図書館の数…平成十一年度は（二五九二）館だったのが、令和三年度には（三四〇〇）館になり、この間におよそ八〇〇館増《ふ》えている。

・国民一人当たりの本の貸し出し冊数…平成二十二年度には（五・三）さつだったのが、令和二年度には四・二さつになり、十年間でおよそ（一）さつ減《へ》っている。

・国民一人当たりの本の貸し出し回数…平成二十二年度は一・五回だったのが、令和二年度には（一・一）回に減っている。

・わかったこと…　◀合うほうを〇で囲もう。
図書館数は（**増えた**・減った）のに、図書館の本の利用は（増えて・**減って**）いる。

「国民一人当たりの貸《か》し出《だ》し冊数《さっすう》・貸し出し回数の推移」の資料から読み取ろう。

「図書館数の推移《すいい》」の資料《しりょう》から読み取ろう。

数値《すうち》は算用数字を使って書いてもいいよ。

52・53ページ

25 調べたことを書く ③

資料を活用して文章を書く方法②

資料をもとに自分の意見を書くときには、次のような構成《こうせい》てまとめましょう。

はじめ	中	終わり
・何について調べたか。 ・調べたきっかけ。	・調べた内容《ないよう》。 ・調べてわかったこと。	調べてわかったことをふまえた自分の考え。

◆資料をもとに文章を書くときは、根きょをはっきりさせることが大切だよ。次のことをはっきりと書こう。

●どの資料からわかることか。
●資料の中の数値《すうち》や言葉。

❶ ひなさんは、給食の残菜が出ることが気になって、残菜がどうなるのか調べ、次のような資料を集めました。後の問題に答えましょう。

〈資料〉

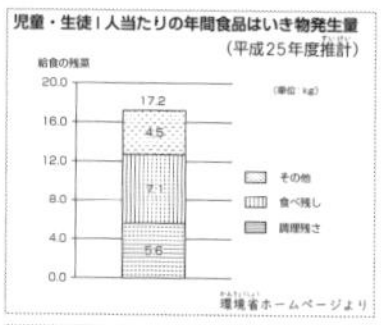

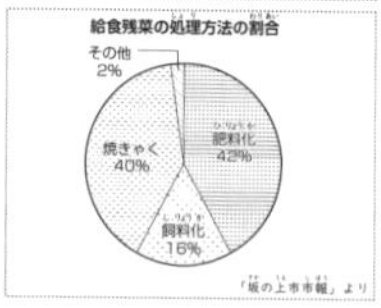

(1) 調べたことをもとに意見文の〈構成《こうせい》メモ〉を書きました。〈資料〉を見て、〈ひなさんの構成メモ〉の（　）に合う言葉を書きましょう。

資料《しりょう》の数値《すうち》を正しく書けたかな。

〈ひなさんの構成メモ〉

はじめ	中	終わり
・給食の残菜がどうなるのか、毎日少しずつ残菜が出るのか気になった。	・「児童・生徒一人当たりの年間食品はいき物発生量」…年間一人当たり（十七・二）kg ・坂の上市市報「給食残菜の処理方法の割合」 肥料化…（四十二）% 飼料化…（十六）% （焼きゃく）…四十%	一人当たりかなりの残菜が出ていておどろいた。焼きゃくされるのはもったいない。給食を残さない取り組みをもっと進めていく必要がある。

(2) 〈ひなさんの構成メモ〉を見て、〈ひなさんの意見文〉の（　）に合う言葉を書きましょう。

〈ひなさんの構成《こうせい》メモ〉の「終わり」をよく見て書こう。

〈ひなさんの意見文〉

わたしたちのクラスでは、給食の残菜が毎日少しずつ出ます。それが気になったので、給食の残菜がどうなるのかについて調べてみました。

「児童・生徒一人当たり年間食品はいき物発生量」によると、給食の残菜は、年間で、一人当たり（十七・二）kg出ています。また、坂の上市の（市報）の「給食残菜の処理方法の割合」によると、坂の上市では、残菜のうち、（四十二）%が肥料、十六%が（飼料）としてリサイクルされます。残りの（四十）%が焼きゃくされてしまいます。

一人当たりかなりの残菜が出ていることにおどろきました。食べられるものが焼きゃくされるのはとてももったいないので、（給食を残さない取り組み）をもっと進めていく必要があると感じました。

53

52

54・55ページ

26 調べたことを書く ④

❶ あきらさんは、日本がエネルギーのほとんどを外国にたよっていると知り、日本のエネルギーについて調べて文章にまとめることにしました。次の〈資料《しりょう》〉を見て、後の問題に答えましょう。

※四捨五入の関係

ならない場合が

※LNG…液化《えきか》天然

※再エネ等…水力

太陽

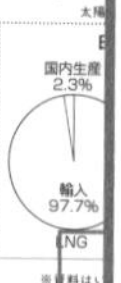

※資料はい

日本の化石燃料《ねんりょう》がほとんど海外から輸入《ゆにゅう》されていることをふまえて、今後どのようにしていけばよいかを考えてみよう。

(1) 〈資料〉をもとに、〈構成《こうせい》メモ〉の（　）に合う言葉を書きましょう。

〈構成メモ〉

はじめ	中	終わり
●何について調べたか・調べたきっかけ ・日本のエネルギーについて。 ・ほとんど外国にたよっていると知ったから。	●調べた内容《ないよう》・調べてわかったこと ・「日本の一次エネルギー供給構成」 石炭…（二十五・三）% 石油…三十七・一%　LNG…二十二・四% ・日本が化石燃料にいそんしている割合《わりあい》（二〇一九年度）… （八十四・八）% ・化石燃料をどれくらい輸入しているか（二〇二〇年） 石炭…九十九・六% 石油…（九十九・七）% LNG…九十七・七%	●調べてわかったことをふまえた自分の考え （例）エネルギーのほとんどを輸入にたよっている日本は、エネルギーをむだにしてはならない。省エネの取り組みとともに、水力や風力発電などももっとすい進していくべきだ。

数値《すうち》は正しく書きぬこう。

54

(2) (1)の〈構成メモ〉にまとめたことをもとにして、（　）に合う内容を書き、意見文を完成させましょう。

何について調べたか・調べたきっかけ

日本は、エネルギーのほとんどを外国にたよっていると知り、日本のエネルギーについて調べることにしました。

調べた内容・調べてわかったこと

「日本の一次エネルギー供給構成」によると、日本で使われている主なエネルギーとその割合は、石炭が二十五・三%、石油が（三十七・一）%、LNGが二十二・四%で、これらを合わせると、日本が化石燃料にいそんしている割合は、（八十四・八）%になります。

では、日本はこれらの化石燃料をどのように得《え》ているのでしょうか。「日本の化石燃料の海外いそん度」によると、

▼化石燃料がほとんど輸入されていることがわかるように、数値《すうち》を挙げて説明しよう。

（例）石炭は、九十九・六%、石油は九十九・七%、LNGは九十七・七%を海外から輸入していることがわかります。つまり、日本は化石燃料のほとんどを海外にたよっているのです。

調べてわかったことをふまえた自分の考え

▼調べてわかったことをふまえた考えを書こう。

（例）エネルギーのほとんどを輸入にたよっている日本は、エネルギーを決してむだにしてはいけないと思います。省エネの取り組みとともに、水力や風力発電など、日本でエネルギーを作れる取り組みももっとすい進していくべきだと思いました。

55

数値を挙げて説明すると、化石燃料がほとんど輸入されていることを説得力《せっとくりょく》をもって伝えられるよ。

56・57ページ

27 気になるニュースを伝える ❶

新聞のニュースについて伝えるときの書き方

自分が新聞記事を読んで、興味《きょうみ》をもったニュースについてしょうかいするときには、どんなニュースで、どのように感じたかをはっきり伝えましょう。

◆新聞記事の構成《こうせい》をおさえて、「いつ」「どこで」「だれが」「何を」「なぜ」「どのように」などのポイントを中心にとらえる。

◆自分がいちばん印象《いんしょう》に残ったのはどんなことか、それはなぜかを考える。

◆その記事を読んで感じたこと、考えたこと、学んだことは何かを考える。

◆文章は、次のような構成でまとめるとよい。

はじめ	何のニュースについてか
中	・記事の内容《ないよう》 ・印象に残ったこととその理由
終わり	まとめ・感想や考え

〈新聞記事の構成の例〉

見出し：記事の内容を短い言葉でまとめたもの。

リード文：記事の内容を短くまとめたもの。

写真・図など：記事の内容をわかりやすく伝えるもの。

本文：出来事についてのくわしい内容。

56

❶ 次の新聞記事を読んで問題に答えましょう。

しぼりかすや傷ついた実 廃棄せず活用

環境《かんきょう》にやさしいりんごレザー

長野県飯綱町で共同開発が進む

動物の皮ではなく、植物を原料に使った「ビーガンレザー（人工の革）」が登場し、注目されています。長野県飯綱町で、りんごレザー作りに取り組む会社SORENAの伊藤優里さんに聞きました。（戸井田紗耶香）

原料にまぜてバッグや財布、座席シートに

りんごレザーは、りんごの皮やしんなどを乾燥させて、粉にしたものが原料の一部に使われます。伊藤さんが飯綱町やメーカーの共和レザーと共同で開発するりんごレザーは、りんごの配合率が多いのが特徴です。「長野県は全国でも有数のりんごの産地。飯綱町は、りんごジュースやシードル（りんごのお酒）作りがさかんで、たくさんのしぼりかすが出ます。これらを活用して環境にやさしい革を作ることを目指しています」と伊藤さん。

傷のついたりんごや、形が悪くて売れないりんごも材料にするそうです。「工場でりんごレザーを焼きあげる工程では、アップルパイの香りがするんですよ」と笑います。来年4月の商品化を目指しています。

伊藤さんは元々、ジャムなどを作る食品加工の会社で働いていました。せっかく仕入れたフルーツも、暑さなどで傷むと捨てなければならず、食品廃棄の問題に心を痛めてきました。りんごレザーを通して「捨てられてしまうりんごが、職人の高い技術力で商品に姿を変えることは本当にうれしい」と話します。

農家の思いも知って

「りんご農家の人たちは、まるで赤ちゃんを育てるように細やかに世話をして、りんごを育てています。それでも、鳥につつかれたり、日に焼けてしまったりして売れないりんごはできてしまう。そうした生産者の苦労やよろこびも知ってほしいですね」

「朝日小学生新聞」二〇二二年十月六日 より

(1) だれが、どこで、何をしていることについての記事てしょう。

だれ……SORENAの伊藤《いとう》さん

どこ……（長野）県飯綱町《いいづなまち》

何をしている……（りんごレザー）を、町やメーカーと共同開発している。

(2) どのような革《かわ》を作ることを目指しているのてしょう。

りんごジュースの（しぼりかす）などを活用した、（かん境にやさしい）革。

(3) 伊藤さんは、どんなことをうれしいと思っているてしょう。

傷《きず》がついたり、形が悪かったりして売れず、（すてられてしまう）りんごが、（商品）に姿《すがた》を変えること。

57

記事の中の伊藤《いとう》さんの言葉に注目しよう。

58・59ページ

28 気になるニュースを伝える ❷

❶ 57ページの記事について、ひなさんたちが話しています。やり取りを読んで、記事をしょうかいする文章を書くための〈構成《こうせい》メモ〉を書きましょう。

記事全体を読んで、思ったことを書こう。

記事を読んで、おどろいたことや、初めて知ったことはないかな。

〈構成メモ〉

はじめ	中		終わり
何のニュースについてか	記事の内容《ないよう》	印象に残ったこととその理由	まとめ・感想や考え
りんごレザーについて。	SORENAという会社の（伊藤）さんは、長野県（飯綱町）で、町やメーカーとりんごレザーを共同開発している。りんごジュースのしぼりかすなどを活用した（かん境）にやさしいかわを作ることを目指している。	（例）りんごでかわを作ることが印象に残った。りんごでかわが作れるということを初めて知ったから。	◀記事を読んで感じたこと、考えたこと、学んだことを書こう。 （例）農家の人が大事に作った作物の中には、すてられてしまうものもある。このような取り組みが広がって、作物をもっと活用できるようになるといい。

58

❷ ❶の〈構成メモ〉をもとに、記事をしょうかいする文章を書きましょう。

◀合うほうを◯で囲《かこ》もう。

何のニュースについてか：（ぼく・わたし）は、「（りんごレザー）」の記事についてしょうかいします。

記事の内容：（例）◀記事の内容を書こう。この記事では、SORENAという会社の伊藤さんが、長野県飯綱町で、町やメーカーとりんごレザーを共同開発していることが書かれています。伊藤さんは、リンゴジュースのしぼりかすなどを活用した、環境にやさしいかわを作ることを目指しています。

印象に残ったこととその理由：（例）◀印象に残ったこととその理由を書こう。記事を読んで印象に残ったのは、りんごでかわを作ることです。りんごでかわが作れるということを初めて知って、おどろきました。

まとめ・感想や考え：（例）◀記事を読んで感じたこと、考えたこと、学んだことを書こう。農家の人が大事に作った作物の中には、売り物にならないためにすてられてしまうものもあります。このような取り組みが広がって、作物をもっと活用できるようになるといいと思いました。

59

だれが、どこで、何をしているのかをはっきり書こう。

印象《いんしょう》に残ったことだけでなく、なぜ印象に残ったのかも書くよ。

60・61ページ

29 文章を読んで意見文を書く❶

文章を読んで書く意見文の書き方

文章を読んで自分の意見を伝える文章を書くときは、次のような手順で考えましょう。

① 文章で述《の》べられている筆者の主張《しゅちょう》を読み取る。

文末表現《ひょうげん》にも気をつけて、事実か考えかを読み分け、主張をとらえよう。

「〜と思う。」「〜と考える。」「〜べきだ。」などの文末は筆者の考えを述べているね。

② 文章のテーマについて、自分の体験や見聞の具体例をさがそう。

テーマについての自分の体験や見聞が、自分の主張の根きょになるよ。見つけたら、メモに書いておこう。

③ 体験や見聞をもとに、自分の考えをはっきりさせよう。

◆文章を読んで意見文を書くときは、次のような構成《こうせい》でまとめるとよい。

はじめ	筆者の主張とそれをふまえた自分の主張
中	主張の根きょになる、自分の体験や見聞の具体例
終わり	まとめと自分の主張

「はじめ」と「終わり」で、主張をはっきりと伝えるんだね。

意見文の文章構成は、次の三つがあるよ。今回はウの型《かた》で書こう。

意見文の文章構成

ア 意見を「はじめ」で述べる。
イ 意見を「終わり」で述べる。
ウ 意見を「はじめ」と「終わり」で述べる。

❶ 次の文章を読んで、問題に答えましょう。

ぼくは「好きなもののことを楽しく話せるのが、友だちの基本《きほん》だ」と考えています。

好きなものの話題で盛《も》り上がれる相手は、それだけでも「一緒《いっしょ》にいて楽しい、共感できる」という友だちの条件《じょうけん》をそなえています。

だから、自分の「好き」を大事にしてください。

友だちになるきっかけは、いろいろなところにあります。

（中略《ちゅうりゃく》）

「好きなものが同じだね」というのはいいきっかけです。持っているものややっていることが一緒だと、うちとけるまでの時間が早い。気も合いやすい。

ぼくが、中学、高校、大学、大学院とずっと一緒だった友だちと親しくなったきっかけは、石川啄木《いしかわたくぼく》の短歌でした。中学のときの国語の授業《じゅぎょう》で、啄木の好きな歌を一首選んで、ふたりひと組で発表する、という機会があったんです。

ぼくが選んだのは、

「こころよく我《われ》にはたらく仕事あれ　それを仕遂《しと》げて死なむと　思ふ」

という歌。

彼《かれ》も同じ歌を選んでいた。

ぼくらは「この歌が好き」という共通点で、チームを組むことになった。

ふたりで一緒に啄木のことや歌の背景《はいけい》を調べる課題をやった時間が、すごく楽しかったんです。

『友だちってなんだろう？』齋藤孝《さいとうたかし》著（誠文堂新光社《せいぶんどうしんこうしゃ》）

(1) 何について書かれた文章でしょう。

友だちになる（きっかけ（条件））について。

(2) 筆者の主張はどんなことですか。

（好きなものが同じ）であることは、友だちができるよいきっかけであるということ。

(3) 筆者は、(2)の根きょとしてどんなことを挙げていますか。

同じ（石川啄木の短歌）が好きだったことがきっかけて、（友だち）ができた体験。

最初の文に注目しよう。「ぼくは〜考えています。」と筆者の考えが述

60

筆者は、「好きなもののことを楽しく話せるのが、友だちの基《き》本《ほん》だ」「『好きなものが同じだね』というのはいいきっかけ」と述《の》べているね。

62・63ページ

30 文章を読んで意見文を書く❷

❶ 60〜61ページの文章を読んで、「友達《ともだち》になるきっかけ」について、あなたの考えをまとめましょう。

(1) あなたは、友達と、どんなことがきっかけて親しくなりましたか。あなたの体験を書きましょう。

（例）
園芸委員になったとき、委員会でとなりの席になった星野さんが、「花は好きだけれど虫が苦手。」と言った。自分も同じだったので、「わたしも！」と言うと、そこから話がはずみ、友達になった。

ぼくは、サッカークラブに入ったことがきっかけて、いっしょに入った大原《おおはら》さんや関根《せきね》さんと友達になったよ。

(2) あなたは、「好きなものが同じであることは、友達になるよいきっかけである」という筆者の考えについてどう思いますか。

（例）
好きなものが同じでなく、苦手なものが同じであることも、友達ができるきっかけになると思う。

確《たし》かに、そのとおりかも。サッカークラブの友達とは、サッカーが好きというところが同じだから、すぐに仲良くなれたよ。

(3) 「友達になるきっかけ」について、筆者の考えや、あなたの体験をふまえて、あなたの考えを書きましょう。

（例）
好きなものに限らず、共通点があると、そこから話がはずんで、友達になりやすいと思う。

62

筆者と同じ考えでも、ちがう考えでもいいよ。

❷ ❶で書いたことをもとに、「友達になるきっかけ」について、あなたの考えを文章に書きましょう。

「はじめ」には、筆者の主張と、自分の主張を書こう。

「中」には、主張の根きょになる、体験や見聞を具体的に書こう。

「終わり」には、もう一度主張を書こう。

（例）
文章の中で、筆者は、「好きなものが同じであることは、友だちになるよいきっかけになる」と述《の》べています。わたしは、「好きなものが同じ」であることだけでなく、「苦手なものが同じ」ことも友達ができるきっかけになると思います。好きなものに限らず、相手と共通点があることが、友達ができるよいきっかけになると考えます。

五年生の初めに園芸委員になったとき、委員会でとなりの席になった星野さんが、「花は好きだけど、虫が苦手。」と言っていました。わたしも同じだったので、「わたしも！」と言うと、そこから虫のどんなところが苦手かなどで話がはずみ、友達になりました。

このように、好きなものだけでなく、相手と何らかの共通点があると、それについて話がはずむので、友達になるきっかけになると考えます。

考えは、「〜と考えます。」「〜と思います。」など、考えだとわかる文末表現《ひょうげん》を使って書こう。

63

自分の体験や見聞を根きょにして、考えを伝える文章が書けたかな。

64・65ページ

31 立場を決めて意見文を書く ①

立場を決めて意見文を書くときには、読む人が納得《なっとく》するように説得力《せっとくりょく》をもたせることが大切です。次のように考えましょう。

立場を決めて意見文を書くときの書き方

① 自分の立場（主張《しゅちょう》）を決める。

対立する立場のどちらかに決める場合は、それぞれの立場のいいところ、よくないところを考えて決めよう。

② 自分がその立場に決めた理由を考える。
・読む人が納得するように具体的な根きょを示《しめ》そう。

③ 他の立場から考えを見直して、予想される反論《はんろん》と、反論に対する考えをまとめる。

自分とはちがう立場の人になったつもりで反論を考えてみると、自分の考えも深まるよ。

④ 〈構成《こうせい》メモ〉を考える。

⑤ 意見文を書く。

1 「本を読むときは、図書館で借りるのがよいか、買うのがよいか」というテーマについて、あなたの考えに合う立場に○を書きましょう。

（　）図書館で借りるのがよい。
（○）買うのがよい。

ぼくは、図書館で借りるのがいいと思う！

2 **1**のように考える理由と根きょを書きます。主張を支《ささ》える理由と、読む人が納得するような具体的な根きょを、あなたの体験や、見聞きしたことからさがして書きましょう。

・理由
（例）自分の持ち物なので、友達に貸してあげて、いっしょに楽しむことができるから。

・根きょ
（例）自分の好きな本を友達に貸してあげたら、おもしろかったと喜ばれ、その本の話でもり上がって、とても楽しかった。

次のページの〈あきらさんの例〉も参考にしよう。

「根きょ」には、具体的なことがらが書けたかな。

3 **2**で考えた理由に対して予想される反論と、それに対するあなたの考えを書きましょう。

ぼくは、こんなふうに考えたよ。

〈あきらさんの例〉

- 立場　図書館で借りるのがよい。
- 理由　ふだん読まないような本も気軽に借りられるので、本との新しい出会いが増えるから。
- 根きょ　図書館でおすすめされていた本を借りて読んでみたら、とてもおもしろかった。
- 予想される反論
  本屋さんでも、いろいろな本をおすすめしているので、本との出会いは増える。
- 予想される反論に対する考え
  本屋さんに置いてある本は新しいものが多い。図書館なら古い本も置いてあるので、よりはば広い出会いがあるのではないか。

反論と、それに対する考えを示すと、説得力が増すね。

予想される反論は、きみの選んだ立場に対してではなく、きみが考えた理由に対する反論を考えて書くよ。

自分がちがう立場だったらどうかなと考えてみるといいね。

・予想される反論
（例）図書館の本を友達におすすめして読んでもらえば、いっしょに楽しめる。

・予想される反論に対する考え
（例）図書館の本は友達が自分で借りなければならず、貸し出し中のこともあるので、すぐには借りられない場合がある。

自分とはちがう立場の人になったつもりで考えよう。

64　65

66・67ページ

32 立場を決めて意見文を書く ②

1 「本を読むときは、図書館で借りるのがよいか、買うのがよいか」というテーマについて、64・65ページで書いたあなたの意見を〈構成《こうせい》メモ〉にまとめましょう。

メモを書いたら、全体がつながっているか、確《たし》かめよう。

〈構成メモ〉（例）

はじめ	主張《しゅちょう》	◀合うほうを◯で囲《かこ》もう。本を読むときは、（図書館で借りる・(買う)）のがよい。
中	理由と根きょ	理由（自分の持ち物なので、友達に貸してあげて、いっしょに楽しむことができるから。）
		根きょ（自分の好きな本を友達に貸してあげたら、おもしろかったと喜ばれ、その本の話でもり上がって、とても楽しかった。）
	予想される反論《はんろん》とそれに対する考え	反論（図書館の本を友達におすすめして読んでもらえば、いっしょに楽しめる。）
		反論に対する考え（図書館の本は友達が自分で借りなければならず、貸し出し中のこともあるので、すぐには借りられない場合がある。）
終わり	まとめ・主張	◀理由のどんな点が主張につながるかをふまえて、主張をもう一度書こう。（友達といっしょに楽しめる）という点から、本を読むときは、（買う）のがよい。

理由の中心になる内容《ないよう》を短くまとめよう。

2 **1**の〈構成メモ〉を見て、意見文を書きましょう。

ぼくはこんなふうに書いたよ。

〈あきらさんの意見文〉

主張
ぼくは、本を読むときは、図書館で借りるのがよいと思います。

理由と根きょ
なぜなら、ふだん読まないような本も気軽に借りられるので、本との新しい出会いが増えるからです。先日、図書館でおすすめしていた本を借りて読んでみたら、とてもおもしろかったです。図書館に行かなければ出会えなかった本だと思います。

予想される反論とそれに対する考え
本屋さんでも、いろいろな本をおすすめしているので、本との出会いは増えるかもしれません。しかし、本屋さんで売っている本は新しいものが多いです。図書館なら古い本も置いてあるので、よりはば広い出会いがあるのではないでしょうか。

まとめ・主張
本との新しい出会いが増えるという点から、本を読むときは、図書館で借りるのがよいと思います。

反論は、「〜かもしれません。」、それに対する考えは、「しかし、〜」などの表現《ひょうげん》を使って書こう。

◀合うほうを◯で囲《かこ》もう。

（ぼく・(わたし)）は、本を読むときは、（買う）のがよいと思います。
なぜなら、友達に貸してあげて、いっしょに楽しむことができるからです。この前、自分の好きな本を友達に貸してあげたら、おもしろかったと喜ばれ、その本の話でもり上がって、とても楽しかったです。
図書館の本を友達におすすめして読んでもらえば、いっしょに楽しめるかもしれません。しかし、図書館の本は友達が自分で借りなければならず、すぐには借りられない場合もあります。貸し出し中のこともあるので、
◀まとめ・主張を書こう。
（友達といっしょに楽しめる）という点から、本を読むときは、（買う）のがよいと思います。

反論《はんろん》は、「〜かもしれません。」、それに対する考えは、「しかし、〜」などを使って書けたかな。

66　67

68・69ページ

33 ポスター・パンフレットを作る❶

ポスター・パンフレットの特ちょう

知らせたいことを、言葉の他に絵や写真などを使ってわかりやすく説明する方法として、ポスターやパンフレットがあります。

〈ポスター〉 広く伝えたいことを一まいの紙にまとめたもの。紙面が限《かぎ》られているので、伝えたいことに合わせて情報《じょうほう》をしぼりこもう。

文字の大きさを変えたり、絵、写真などを組み合わせたりして、見る人を引きつける。

飼育《しいく》委員会

うさぎの元気を守っています！

もも　ゆき

活動内容
・うさぎ小屋のそうじ
・うさぎの健康管理
・１年生とうさぎのふれ合い会を開く。

飼育委員からのお願い
うさぎは大きい音が苦手です。大きい音を出してびっくりさせないでね。

キャッチコピー

伝えたい内容《ないよう》

伝える相手に合わせた

〈パンフレット〉 題材について伝えたい情報をうすい本にまとめたもの。伝えたいことが伝わるようなわり付けや構成《こうせい》にしよう。

見出し・小見出し

文章で伝えたいことを短い言葉でまとめたもの。

ビオトープを知ろう！

なかよし小学校のビオトープができて十五年。ビオトープについて知り、もっと活用してみませんか。

なかよし小学校ビオトープの歴史《れきし》

なかよし小学校のビオトープは二〇〇五年に開校五十周年記念としてつくられました。二〇一八年に、池の水の流れがよくなるように、大規《き》ぼな整備《せいび》が行われ、現在《げんざい》はきれいな水質《すいしつ》が保《たも》たれています。

ビオトープの生き物

季節ごとに、科学クラブのメンバーが、ビオトープにいる生き物を調べています。池にはメダカやドジョウ、タニシなどがいます。また、トンボ、コオロギ、テントウムシなど、たくさんのこん虫もすんでいます。

絵・写真・図
説明がわかりやすくなるところに入れる。

リード文　このページの導入《どうにゅう》を入れてもよい。

子ども
自転車安全教室

（例）
みんなで自転車の正しい乗り方を学ぼう！

日時…４月27日　場所…坂《さか》の上《うえ》公園

内容　・交通ルールの説明
・自転車の正しい乗り方指導《しどう》
・自転車点検《てんけん》

絵

車に気をつけて来てね！

「自転車の正しい乗り方を学ぶ」という内容《ないよう》が、短い言葉で書けていたら正解《せいかい》だよ。「自転車の正しい乗り方を知っていますか？」とたずねてもいいね。

地いきの子どもたちに、自転車の正しい乗り方を学んでもらうこと。

……は、次のようなも……ッチコピーを考……よう。

キャッチコピーは、人を引きつける短い言葉のことだよね。

よびかけたり、たずねたりしたら、興味《きょうみ》をもってもらえるかも。

(2) □に入れるとよい絵をア～ウから選んで、記号を○で囲《かこ》みましょう。

「子ども自転車安全教室」だということがわかりやすくなるイラストを選ぶよ。

70・71ページ

34 ポスター・パンフレットを作る❷

❶ あきらさんたちは、東野《ひがしの》町と南田《みなみだ》町の合同で行われる東南《とうなん》祭りをしょうかいするためのパンフレットを作ることになりました。あきらさんは、東南祭りがどんな祭りかについて書くため、書くことを調べて〈メモ〉にまとめています。〈資料《しりょう》〉や〈実行委員の人へのインタビュー〉を読んで、（　）に合う言葉を書きましょう。

〈資料〉

〈東南祭りについて〉
東南祭りは，1985年から，東野町と南田町が合同で行っている祭りです。2つの町の親ぼくを深めるために，地いき住民によって始められました。祭りは，毎年，8月第3日曜日に坂《さか》の上《うえ》公園で行われます。祭りのメインイベントは，最後に広場で打ち上げられる花火です。　（市のホームページより）

〈実行委員の人へのインタビュー〉

〈メモ〉
・東南祭りは、（一九八五）年から、東野町と南田町が合同で行っている。
・祭りの目的は、二つの町の（親ぼく）を深めるため。
・メインイベントは（打ち上げ花火）。祭りが始まった（次の年）から行っている。坂の上公園の（広場）で、毎年（五百）発打ち上げられる。

〈資料《しりょう》〉と〈実行委員の人へのインタビュー〉の両方から、必要な情報《じょうほう》を選んでまとめよう。

❷ ❶の〈メモ〉を見て、〈パンフレット〉……

❸ 〈パンフレット〉の□に入れると……

楽しみな打ち上げ花火　・　楽しいイベントがもりだくさん

〈パンフレット〉

東南祭りへようこそ！　東南祭りについて知って、お祭りをもっと楽しもう！

二つの町がいっしょに始めたお祭り

東南祭りは、一九八五年から、東野町と南田町が（合同）で行っているお祭りです。二つの町が親ぼくを深めることを（目的）に始められました。

◀打ち上げ花火についての説明を書こう。

メインイベントは打ち上げ花火で、お祭りが始まった次の年から行っています。
坂の上公園の広場で、毎年五百発が打ち上げられます。

メモをよく見て書こう。

楽しいイベントがもりだくさん

東南祭りでは、打ち上げ花火の他にも、さまざまなイベントがあります。昼間は、広場でスポーツ大会が行われます。また、地元の商店街の方の協力によるえん日は、五十店以上出店されます。夕方五時からは、ぼんおどり大会も開かれます。

説明の内容《ないよう》に合う見出しを選ぼう。

72・73ページ

35 招待《しょうたい》する手紙を書く❶

招待する手紙の書き方

招待する手紙を書くときは、だれを何の行事に招待するのかをはっきりさせて、伝えることを整理しましょう。

伝えること
- 何の行事か
- いつ、どこで行うのか
- どんなことをするのか
- 来てほしい気持ち

日時や場所がわからないと、招待されても行けないよね。

来てほしい気持ちを伝えてくれると、行きたくなるね！

❶ ひなさんの学年では、地いきのお年寄《としよ》りを招待して、交流会を開きます。ひなさんは、近所に住む山本《やまもと》さんに招待する手紙を書くことになりました。〈ひなさんの手紙のメモ〉を見て（　）に合う言葉を書き、〈ひなさんの招待する手紙〉を完成させましょう。

〈ひなさんの手紙のメモ〉

伝える相手	山本さん
行事	地いきのお年寄りとの交流会
日時	九月三十日（金）午前十時
場所	坂《さか》の上《うえ》小学校プレイルーム
すること	歌・ビンゴゲーム 昔の遊び（あやとり・こま回しなど）
気持ち	いっしょに楽しみたい。

〈ひなさんの手紙のメモ〉をよく見て、必要なことを伝えよう。

◆招待する手紙の構成《こうせい》

相手	ひろみおばさんへ
はじめのあいさつ	すっかりすずしくなりました。お元気ですか。
伝えること ・何の行事か ・日時 ・場所 ・どんなことをするのか ・来てほしい気持ち	十一月十九日の午前九時から午後三時まで、学校の体育館でてんらん会があります。図工や家庭科で作った作品がたくさん展示《てんじ》されます。 ぼくは、図工の時間に作ったランプと、絵を二まい展示しています。 どれも一生けん命作ったり、かいたりした作品なので、ひろみおばさんにも見てほしいです。ぜひ来てください。
書いた日	十一月八日
名前	竹中《たけなか》　たすく

招待する手紙は、ていねいな言葉で書こう。

相手の名前は、手紙の最後に書くこともできるよ。76・77ページを見てみよう。

〈ひなさんの招待する手紙〉

（山本）さんへ
秋晴れの毎日が続いていますが、お元気ですか。
今度、（九）月（三十）日の午前（十）時から、坂の上小学校の（プレイルーム）で、地いきのお年寄りの方との交流会を開きます。
いっしょに歌を歌ったり、ビンゴゲームをしたりする予定です。また、（あやとり）やこま回しなどの昔の遊びを教えていただきたいです。
交流会を、いっしょに（楽しみたい）です。ぜひ来てください。
九月十五日
川村《かわむら》　ひな

74・75ページ

36 招待《しょうたい》する手紙を書く❷

❶ 次のまん画を見て、問題に答えましょう。

(1) あきらさんは、招待する手紙に書くことを、メモにまとめました。上のまん画を見て（　）に合う言葉を書き、〈あきらさんの手紙のメモ〉を完成させましょう。

まん画をよく読んで、必要なことをおさえよう。

〈あきらさんの手紙のメモ〉

伝える相手	おばあちゃん
行事	（運動会）
日時	十月十二日　午前（九）時
場所	小学校の校庭
自分が出る種目	徒競走 （ダンス・リレー）
気持ち	毎日がんばって練習しているので、 （見てほしい）。

(2) (1)の〈あきらさんの手紙のメモ〉に書いたことをもとに、〈あきらさんの招待する手紙〉を完成させましょう。

日時・場所は正確《せいかく》に書こう。

〈あきらさんの招待する手紙〉

おばあちゃんへ
秋が深まってきました。お元気でお過《す》ごしですか。
▼いつ、どこで、どんな行事があるのかを書こう。
（例）（十月十二日の午前九時から、小学校の校庭で運動会があります。）
▼どの種目に出るのかを書こう。
ぼくは、（例）（徒競走とダンス、リレーに出場します）。
▼来てほしい気持ちを書こう。
（例）（毎日がんばって練習しているので、おばあちゃんに見てほしいです。ぜひ来てください。）
十月一日
森山《もりやま》　あきら

あきらさんの出る種目が三つとも書けたかな。

手紙の初めには、季節に関するあいさつの言葉を入れてみよう。

例
春…桜《さくら》の花がさくころになりました。
夏…暑い毎日が続いています。
秋…もみじが色づいてきました。
冬…朝、ふとんから出るのがつらい季節になりました。

来てほしい気持ちが伝わるように書けたかな。

76・77ページ

37 お礼の手紙を書く①

お礼の手紙の書き方

お礼の手紙を書くときには、だれに、何のために書くのかをはっきりさせて、次のような型《かた》で書きましょう。

◆お礼の手紙の型

初めのあいさつ	・季節に関する言葉 ・自分のしょうかい
本文	伝えたいこと ・お礼の気持ち ・何に対するお礼か
むすびのあいさつ	相手の健康を気づかう言葉
後づけ	・日付 ・自分の名前 ・相手の名前

型にそって書くと、きちんとお礼をしたい気持ちが伝わるよ。

❶ 次のやり取りを読んで、〈ひなさんのお礼の手紙〉の（　）に合う言葉を書き、手紙を完成させましょう。

76

ひなさんの言葉を読んで、合う言葉を書こう。

〈ひなさんのお礼の手紙〉

初めのあいさつ
もみじがきれいな季節になりました。小林さんはお元気でお過《す》ごしでしょうか。坂《さか》の上《うえ》小学校の川《かわ》村《むら》ひなです。

本文
先日、自動車工場に見学にうかがったときは、（自動車がつくられる工程）を、とても（ていねい）に説明してくださって、ありがとうございました。自動車がどのような（順番）でつくられるのか、とてもよくわかりました。小林さんに説明していただいたおかげで、わかりやすい（報告文）が書けました。本当にありがとうございました。

むすびのあいさつ
これからも、お体に気をつけて、お仕事をがんばってください。さようなら。

後づけ
十一月二十日

川村　ひな

小林健一《けんいち》様

お礼の手紙は、言葉づかいに気をつけて書こう。年上の人に書くときは、適切な敬語を使おう。

77

78・79ページ

38 お礼の手紙を書く②

習い事の先生や友達など、何かを教えてくれたり、親切にしてくれたりした人を思いうかべてみよう。

❶ 毎日の生活をふり返って、あなたがお世話になって、お礼の気持ちを伝えたい人を一人《ひとり》書きましょう。

（例）先週行われた自然体験教室にボランティアで参加していた大学生の山中さん

ぼくは、地いきのお祭りの実行委員の早川《はやかわ》さんにお礼の気持ちを伝えたいな。

❷ ❶で選んだ人のどんなことに対してお礼を伝えたいかを書きましょう。

（例）二はく三日の自然体験教室で、いっしょに行動してくれたこと。

お祭りについて調べてパンフレットを作ったときに、インタビューさせてもらったことに対してお礼を言いたいんだ。

❸ ❶で選んだ人にお礼の手紙を書きます。手紙の本文に書くことをまとめましょう。

＊その人は何をしてくれたか。

（例）山登りのときにはげましてくれた。

＊してくれたことがどのように役に立ったか、どう感じたかなど、お礼の内容を具体的に書こう。

（例）山登りは苦しかったが、はげまされてちょう上まで登ることができた。うれしかった。

お祭りで上げる花火について、くわしく教えてくれたから、わかりやすいパンフレットにすることができたよ。

何をしてもらって、どう感じたかなどを具体的に書くと、お礼の気持ちがよく伝わるね。

78

❹ ❶～❸で書いたことをもとに、お礼の手紙を、手紙の型《かた》にそって書きましょう。

初めのあいさつ
・季節に関する言葉
・自分のしょうかい

（例）くだものがおいしい季節になりました。山中さんはお元気ですか。南小学校の坂口ともやです。

本文
伝えたいこと
・お礼の気持ち
・何に対するお礼か

先週の自然体験教室では、いっしょに行動してくださり、ありがとうございました。山登りのときは、苦しかったですが、はげましてもらって、ちょう上まで登ることができてうれしかったです。本当にありがとうございました。

むすびのあいさつ
相手の健康を気づかう言葉

これからも、お元気でお過ごしください。さようなら。

後づけ
・日付
・自分の名前
・相手の名前

（十）月（十五）日

▼あなたの名前を書きましょう。
（坂口　ともや）

▼相手の名前を書きましょう。
（山中由美）様

79

年上や目上の人には，敬語《けいご》を使うよ。

お礼の気持ちが伝わるように、手紙の型《かた》にしたがって書けたかな。

80・81ページ

39 一年間をふり返って書く①

一年間をふり返る文章の書き方

一年間の学校生活をふり返って心に残っていることを書くときは、自分の体験を具体的に書くことが大切です。どんなことがあったか、よく思い出し、次のような手順で取り組みましょう。

① 一年間の学校生活をふり返って、心に残っていて、伝えたいことを決める。

一年間にどんなことがあったかな？ 四月から順に思い出してみよう。

② 具体的にどんなことがあったか、そのときどう思ったかを思い出す。

したこと、見たこと、言ったこと、聞いたこと、そのときの気持ちなどを思い出そう。

③ その体験は自分にとってどんな意味があったか、その体験から何を学んだか、これからにどういかしていきたいかを考える。

④ 伝えたいことを〈構成《こうせい》メモ〉にまとめる。

⑤ 表現《ひょうげん》を工夫《くふう》して文章を書く。

◆一年間をふり返って書く作文は、次のような構成でまとめよう。

はじめ	中	終わり
心に残っているのはどんなことか。	心に残っていることの具体的な内容《ないよう》。 ・どんなことがあったか。 ・そのときの気持ち。	・その体験は、どんな意味があったか。 ・その体験から何を学んだか。 ・これからにどういかしていきたいか。

一年間、いろいろなことがあったよね。

しっかり思い出して、文章にするぞ！

❶ ひなさんが、一年間の学校生活をふり返って、心に残っていることを〈ひなさんの構成メモ〉にまとめました。メモを見て、（　）に合う言葉を書き、〈ひなさんの文章〉を完成させましょう。

〈ひなさんの構成メモ〉

はじめ	中	終わり
心に残っているのは運動会の全員リレー。	・練習では一位になれなかった。 ・高田《たかだ》君が、「バトンパスの練習をしよう。」と言った。 ・みんなで休み時間に練習した。 ・息が合ってきて、タイムも速くなり、楽しくなった。 ・本番では一位になれてうれしかった。	・力を合わせてがんばることの大切さを学んだ。 ・これからも、みんなで協力していきたい。

——の言葉が、文章ではどのように書かれているかも確《たし》かめよう。

〈ひなさんの文章〉

わたしの心に残っていることは、（運動会の全員リレー）です。

わたしたちのクラスは、練習ではいつも一位になれませんでした。すると高田君が、

「（バトンパスの練習をしよう）。」

と言いました。休み時間に練習をするうちに、息が合ってきて、タイムも（速く）なり、みんなの目もきらきらしてきました。そして本番。走るときはどきどきしたけれど、わたしたちのクラスは、見事（一位）になりました。練習の成果が出せて、天にものぼるような気持ちでした。

わたしはこの体験から、（みんなで力を合わせてがんばること）の大切さを学びました。これからも、みんなで協力していきたいです。

気持ちを表す言葉は、「うれしい」「楽しい」だけではないよ。自分の気持ちにぴったりの言葉をさがしてみよう。

80　81

高田《たかだ》君の言った言葉をそのまま書こう。

82・83ページ

40 一年間をふり返って書く②

❶ 一年間の学校生活をふり返って、いちばん心に残っていることは何ですか。一つ選んで○で囲《かこ》みましょう。絵にないときは、（　）に書きましょう。

（例）

❷ ❶で選んだことについて、文章を書くための〈構成《こうせい》メモ〉を書きましょう。

〈構成メモ〉（例）

はじめ	中	終わり
心に残っていることは、（プールの授業）。	・心に残っていることの具体的な内容《ないよう》 （・プールの授業で、苦手な平泳ぎをがんばって練習した。 ・先生に足やうでの動きを教わった。 ・だんだんこつがわかってきた。 ・進級テストに合格してうれしかった。）	・体験の意味や学んだこと、これからにどういかしたいか。 （苦手なこともあきらめずにちょう戦すればできるようになる。）

❸ ❷で書いた〈構成メモ〉をもとに、一年間の学校生活をふり返って、心に残っていることについて、文章を書きましょう。

心に残っていることは何か。

心に残っていることの具体的な内容。

学んだことや、これからにどういかしたいかなど。

（例）

▼合うほうを○で囲もう。（ぼく・わたし）が心に残っているのは、（プールの授業）です。

わたしは、水泳の中でも平泳ぎが苦手でした。なかなか速く進めず、進級テストでもいつも不合格になってしまうので、プールの授業の自由時間に、がんばって練習しました。今までは自分なりにくふうして泳いでいましたが、先生に足やうでの動きを教わりました。むずかしかったけれど、少しずつこつがわかってきて、進級テストで合格することができました。思わず、心の中でガッツポーズをしました。

わたしは、このことから、苦手なこともあきらめずにちょう戦すれば、できるようになるということを学びました。これからも、苦手を少しずつなくしていきたいです。

気持ちを表す言葉を使うときは、気持ちに合うぴったりの表現《ひょうげん》をさがしてみよう。

82　83

したこと、見たこと、言ったこと、聞いたこと、そのときの気持ちなどを思い出して、順序《じゅんじょ》よく書こう。

〈構成《こうせい》メモ〉をもとに、心に残っていることを具体的に書けたかな。

気持ちを表す表現《ひょうげん》は工夫《くふう》できたかな。

84・85ページ

41 詩を作る

表現を工夫した詩の書き方

詩は、心に感じたことを短い文で表現したものです。表現を工夫して詩を書きましょう。

◆詩の表現の工夫

★あるものを他のものにたとえたり、人でないものを人のように表したりして、イメージをとらえやすくする。

例・太陽のように笑う。・風がささやく。

★擬態語《ぎたいご》や擬音語《ぎおんご》を使ってイメージ豊《ゆた》かに表現する。

例・ふかふかのパン。　例・かみなりがゴロゴロ鳴る。

★言葉の順序《じゅんじょ》をふつうとは逆《ぎゃく》にして、印象《いんしょう》を強める。

例・さいたよ、朝顔が。

★同じ言葉や文をくり返して、リズムを整える。

例・広い広い海。

表現を工夫することで、感動を印象的に伝えられるんだね。

❶ 次の詩のア〜エの工夫は、後のどれに当たりますか。（　）に記号を書きましょう。

夏

青い空に
ア 雲のソフトクリーム屋さんが開店
わたしも空にジャンプして
イ 食べてみたいな　おなかいっぱい
ウ 大きな大きなソフトクリーム
エ ふわふわのソフトクリーム

（エ）人でないものを、人のように表している。
（イ）同じ言葉をくり返している。
（ウ）言葉の順序をふつうとは逆にしている
（ア）擬態語、擬音語を使っている。

雲を「ソフトクリーム屋さん」と表現《ひょうげん》しているね。

「おなかいっぱい食べてみたいな」がふつうの順序《じゅんじょ》だね。

❷ 最近の生活をふり返って、心が動いたことを詩に書きます。楽しかったことやうれしかったこと、おもしろかったこと、おどろいたことなどを一つ書きましょう。

（例）初めてアップルパイを焼いたこと。

ぼくは、雨上がりの水たまりに、あめんぼがうかんでいるのがおもしろかったな。

❸ ❷で書いたことについて、そのときの様子や気持ちを思い出して、思いつく言葉を書き出しましょう。

（例）あみ目　りんご畑のにおい
ちょっとこげた
上手にできているといいな

ぼくは、こんな言葉を思いついたよ。

水にうかぶ
フィギュアスケーターみたい
すーいすーい
回転はしない

❹ ❷で書いたことについて、❸で思いついた言葉を使って、表現を工夫して詩を書きましょう。

❸で書いた言葉は、全部使わなくてもいいよ。詩に使えそうな表現を選ぼう。

ぼくは、こんなふうに書いてみたよ。

あめんぼ

すーい
すーい
あめんぼは
水の上の
フィギュア
スケーター
くるくる回転は
できないけど

▼詩の題名を書こう。

（例）アップルパイ

あみ目の中に
りんごをとじこめて
オーブンに入れたら、
部屋の中が
りんご畑の
においになった
上手にできているといいなあ
はじめて焼いた
アップルパイ

表現を工夫《くふう》して書けたかな。

85

86・87ページ

42 短歌を作る

短歌の作り方

和歌の一つである短歌は、奈良《なら》時代からある短い詩です。短歌のルールを知り、表現《ひょうげん》を工夫《くふう》して短歌を作ってみましょう。

◆短歌のルール

★かな一字につき一音と数え、五・七・五・七・七の三十一音で表すのが原則《げんそく》。

★小さな「っ」、のばす音、「ん」も一音と数える。

★「きゃ・きゅ・きょ」などは、二字で一音と数える。

◆表現の工夫

★擬態語《ぎたいご》や擬音語《ぎおんご》、たとえの表現などを使う。

★自分が伝えたいことにぴったりの言葉を選ぶ。

★作った短歌を見直して、言葉を入れかえたり、別の言葉で言いかえたりしてみる。

❶ 次の短歌の表現の工夫の説明として合うものを、後の［　］から選び、（　）に記号を書きましょう。

(1) 「寒いね」と話しかければ「寒いね」と答える人のいるあたたかさ　俵万智《たわらまち》　（ウ）

(2) 終バスにふたりは眠《ねむ》る紫《むらさき》の〈降《お》りますランプ〉に取り囲《かこ》まれて　穂村弘《ほむらひろし》　（イ）

(3) 父の肩《かた》眺《なが》め眺《なが》めてはたはたと叩《たた》けば愛《かな》し月夜こほろぎ　北原白秋《きたはらはくしゅう》　（ア）
「愛し」…いとおしい、かわいい

(4) はなやかに轟《とどろ》くごとき夕焼はしばらくすれば遠くなりたり　佐藤佐太郎《さとうさたろう》　（エ）
「轟くごとき」…ひびきわたるような
「遠くなりたり」…遠くなった

ア 擬態語・擬音語を使っている。
…とは逆にしている。
…る。
…ている。

「夕焼」を「はなやかに轟《とどろ》く」みたいだと音にたとえているね。

86

❷ 最近の生活の中で、あなたの心が動いたことを思い出して、短い文にまとめましょう。

（例）あげはちょうがさなぎから羽化するところを見て感動して、元気に空へ飛び立ってほしいと思った。

サッカーの練習の帰り道で、空にサッカーボールみたいな満月がうかんでいるのを見て、また明日の練習もがんばろうって思ったんだ。

❸ ❷で書いたことを、五・七・五・七・七の三十一音の短歌の形にして書きましょう。

（例）あげはちょう
さなぎのせなかわって出る
空へ飛び立て新しい朝

書いてみたよ。

満月はサッカーボールみたいだな
明日も練習またがんばるぞ

❹ ❸で書いた短歌について、次のような工夫ができないか見直して、書き直してみましょう。

〈工夫〉
・たとえの表現を使う。

（例）さなぎのせ
わって生まれたあげはちょう
空へ飛び立て新しい朝

表現《ひょうげん》を工夫《くふう》して書けたかな。

擬態語を使ってみたよ。

ぽっかりとボールみたいな満月だ
明日もサッカーまたがんばるぞ

空に満月がうかんでいる様子がよく伝わってくるね。

87

88・89ページ

43 俳句《はい く》を作る

俳句の作り方

俳句は、日本で古くから作られてきた短い詩です。俳句のルールを知って表現《ひょうげん》を工夫《くふう》し、俳句を作ってみましょう。

◆俳句のルール
★五・七・五の十七音で表すのが原則《げんそく》。
★「季語」という季節を表す言葉を入れる。

〈季語の例〉

春	夏	秋	冬
たんぽぽ	夕立	ぶどう	みかん
桜《さくら》	こいのぼり	こおろぎ	雪
かえる	あじさい	月	しも柱
春めく	かぶとむし	いわし雲	スケート
遠足	花火	運動会	かれ葉

※季語をもたない俳句を「無季俳句」という。

◆表現の工夫
★擬態語《ぎたいご》や擬音語《ぎおんご》、たとえの表現などを使う。
★…

❶ 次の俳句の表現の工夫の説明として合うものを、後の［　］から選び、（　）に記号を書きましょう。

(1) 春の町帯のごとくに坂を垂《た》れ　富安風生《とみやすふうせい》　（オ）
「帯のごとくに」…帯のように

(2) 憲兵《けんぺい》の前で滑《すべ》つて転んぢやつた　渡辺白泉《わたなべはくせん》　（エ）

(3) 春の海ひねもすのたりのたりかな　与謝蕪村《よさぶそん》　（ア）
「ひねもす」…一日中
「かな」…〜だなあ

(4) をりとりてはらりとおもきすすきかな　飯田蛇笏《いいだだこつ》　（ウ）
「をりとりて」…折り取って

(5) やれ打つな蠅《はえ》が手をすり足をする　小林一茶《こばやしいっさ》　（イ）

ア　擬態語・擬音語を使っている。
イ　言葉の順序をふつうとは逆にしている。
ウ　全部ひらがなで書いている。

88

「坂」を「帯」にたとえているよ。

「ひねもす」は「一日中」という意味。「のたりのたり」が擬態語《ぎたいご》だよ。のどかな春の海の様子を表しているね。

❷ 最近の生活の中で、あなたの心が動いたことを思い出して、短い文にまとめましょう。

（例）かき氷を食べたら、口の中ですぐに消えてしまっておどろいた。

この前、公園で、コスモスが風にゆれて楽しそうだったんだ。

❸ ❷で書いたことを、季語を一つ入れて、五・七・五の十七音の俳句の形にして書きましょう。

（例）かき氷すぐに消えたよ口の中

季語は、一つの俳句に一つだけ入れるよ。

わたしは、こう書いたよ。

ふいてきた風にコスモス楽しそう

※季語は「コスモス」（秋）

❹ ❸で書いた俳句について、次のような工夫ができないか見直して、書き直してみましょう。

短歌にも共通する工夫だね。

〈工夫〉
・たとえの表現を使う。
・擬態語・擬音語を使う。
・言葉の順序を入れかえる。
・言葉を別の言葉で言いかえる。
・表記（ひらがな・かたかな・漢字）を変える。
など

（例）かき氷ふわり口どけもう消えた

風の様子を入れて、コスモスを人にたとえてみたよ。

やわらかな風にコスモス笑ってる

表現《ひょうげん》を工夫《くふう》できたかな。

89

90・91ページ

44 物語を作る①

物語の書き方

物語は、山場で大きく変化するものが多く見られます。山場を意識《いしき》して物語を書いてみましょう。

◆物語を書く手順
① 登場人物・時（季節・時間など）・場所などの設定《せってい》を決める。
★登場人物は、名前や年れい、性格《せいかく》などを決めて、カードにまとめておくとよい。
② 物語の組み立てを考えて、あらすじを書く。
★山場でどんな変化が起こるかを、意識して書こう。
③ あらすじをもとにして物語を書く。
★会話文を入れたり、想像《そうぞう》した人物の様子をくわしく書いたりするなど、工夫《くふう》をしてみよう。

場面の様子や、人物の様子、気持ちが伝わるように書こう。

◆物語の組み立ての例

始まりの場面	物語の登場人物、時や場所などの設定を書く。
山場につながる場面	山場につながるように、どんな出来事が起こって、どう展開《てんかい》するかを書く。
山場の場面	それまでの出来事が、どう変化して解決《かいけつ》したかを書く。
終わりの場面	山場を経て、登場人物や出来事がどうなったかを書く。

初めに決めた登場人物の性格などの設定をいかした展開にすると、つながりのある物語になるよ。

90

❶ 次の二まいの絵を使って、物語を考えます。物語の設定を考えましょう。

〈始まりの場面〉

〈終わりの場面〉

(1) 登場人物の設定を考えて、〈カード〉に書きましょう。

ぼくは、こんなふうに書いたよ。

〈あきらさんのカード〉
名前　ケンタ
年れい　小学五年生
性格など　元気　思いやりがある

〈カード〉（例）
名前　たける
年れい　十さい
性格など　ドラゴンたいじのプロ　勇気がある

絵を見て、想像《そうぞう》をふくらませてみよう。

(2) いつ、どこで起こった物語にするかを書きましょう。

例
いつ　・夏の日　・百年前
どこで　・山の中　・火星

ぼくは、土曜日の森の中にしよう。

いつ（例）ずっと昔
どこで（例）ある村の外れ

91

92・93ページ

山場を意識《いしき》して、つながりのあるあらすじが書けたかな。

どんな人物が出てくるのか、いつ、どこでの物語なのかなどの設定《せってい》がわかるように書けたかな。

45 物語を作る②

❶ 次の二まいの絵を使って、物語のあらすじを考えます。二つの場面の間で起こることをあなたが想像《そうぞう》して、〈あなたの組み立てメモ〉に物語のあらすじを書きましょう。

〈始まりの場面〉

〈終わりの場面〉

〈あきらさんの組み立てメモ〉

始まりの場面	ケンタは小学五年生の元気な男の子。土曜日に、近くの森へたんけんに行くと、ドラゴンに出会った。
山場につながる場面	ケンタがにげようとすると、ドラゴンが助けてほしいと言う。ドラゴンは遠くの谷から友達《ともだち》のドラゴンに会いに行くと中、一休みした森で、とげのある草がしっぽにからみついて動けなくなっていた。
山場の場面	ケンタは、リュックの中のたんけんセットからはさみを取りだして、草を切り、ドラゴンを助け出す。
終わりの場面	ドラゴンは、助けてくれたお礼に、ケンタをせなかに乗せて家まで送ってくれた。

〈あなたの組み立てメモ〉

（例）	
始まりの場面	▼登場人物、時、場所などの設定《せってい》を書こう。 昔、ある村で、作物がドラゴンにあらされてこまっていた。十さいでドラゴンたいじのプロのたけるが、村外れの林に行くと、そこに緑色のドラゴンがいた。
山場につながる場面	▼どんな出来事が起こって、どう展開《てんかい》するかを書こう。 緑ドラゴンは、村を守るために、林のおくにいる赤ドラゴンをやっつけに来たのだった。林のおくには、村の作物をあらして食べている赤ドラゴンがいた。
山場の場面	▼出来事がどう変化して解決《かいけつ》したかを書こう。 緑ドラゴンが赤ドラゴンと戦うが、決着がつかない。たけるが、ドラゴンを一分間だけねむらせることのできる歌を歌う。たけるはねむった赤ドラゴンの手足をしばってつかまえる。
終わりの場面	▼山場を経て、最後に登場人物や出来事がどうなったかを書こう。 たけるは緑ドラゴンに乗って村へもどり、緑ドラゴンは悪者ではないと伝える。赤ドラゴンも反省している。村に平和がもどり、たけるはまた旅に出た。

92

❷ ❶の〈あなたの組み立てメモ〉に書いたことをもとに、〈あなたの始まりの場面〉の物語を書きます。〈始まりの場面〉の絵に合うように、物語の登場人物がどんな人物かや、時、場所などの設定がわかるように書きましょう。

〈あきらさんの始まりの場面〉

ケンタは、小学五年生の元気な男の子です。ある土曜日、ケンタは近くの森に、おにぎりを持ってたんけんに行きました。森のおくでガサゴソと変な音がするので行ってみると、なんとそこには、こわそうなドラゴンがいたのです。

〈あなたの始まりの場面〉

（例）

昔、ある村で、作物がドラゴンにあらされ、村人たちがこまっていました。そこで、たけるがドラゴンたいじをたのまれました。たけるは十さいの男の子ですが、ドラゴンたいじのプロなのです。たけるが、村外れの林に行くと、そこには大きな緑色のドラゴンがいました。

93

94・95ページ

会話文を入れたり、想像《そうぞう》した人物の様子をくわしく書いたりして、工夫《くふう》して書けたかな。

46 物語を作る③

❶ 92ページ❶の〈あなたの組み立てメモ〉に書いたことをもとに、93ページ❷で書いた〈あなたの始まりの場面〉につながるように、〈山場につながる場面〉〈山場の場面〉〈終わりの場面〉を書きましょう。

あきらさんの〈山場につながる場面〉〈山場の場面〉〈終わりの場面〉

〈山場につながる場面〉

ケンタがおどろいてにげようとすると、ドラゴンが「待ってくれ！」と言いました。

「わたしは、遠くの谷に住んでいるんだが、友達《ともだち》に会いにいくと中、一休みしようとしたらこのとおりだ！」

見ると、ドラゴンのしっぽが、とげのある草にからまって、動けなくなっていました。

〈山場の場面〉

「どうか助けてほしい。」

「まかせて！」

ケンタは、リュックに入れているたんけんセットから、大きなはさみを取り出しました。

「今、切るよ！」

草は太くてとげがケンタの手にもささりました。けれど、ケンタはがんばって草を切り、ドラゴンはやっと自由になりました。

〈終わりの場面〉

「助かった！」

ドラゴンは喜《よろこ》んで、友達のところに行くと中、お礼にケンタをせなかに乗せて、家まで送ってくれました。

あなたの〈山場につながる場面〉〈山場の場面〉〈終わりの場面〉

（例）

たけるが緑ドラゴンの前に立ちはだかって、「これ以上、村をあらすのはやめろ！」と言うと、緑ドラゴンが言いました。

「おれは、村を守るために、森のおくにいる赤ドラゴンをやっつけに来たんだ。」

たけるは緑ドラゴンといっしょに、森のおくへ行ってみました。すると、そこでは赤ドラゴンが、村の畑からとってきたりんごやぶどうをむしゃむしゃ食べています。

がまんできなくなった緑ドラゴンは、赤ドラゴンの前に飛び出しました。

「村人が大切に作った作物をあらすな！」

「おまえには関係ない！」

二ひきのドラゴンは空中に飛び上がって戦い始めました。でも、なかなか決着がつきません。すると、たけるが歌を歌い始めました。これは、たけるがおじいさんから教わった、「ドラゴンを一分間だけねむらせる歌」なのです。たけるは、ねむっている赤ドラゴンの足をすばやくぐるぐるまきにして、つかまえてしまいました。

たけるは緑ドラゴンのせなかに乗って、村へもどり、村人に、緑ドラゴンは悪者ではないと伝えました。赤ドラゴンも反省して、もう村人に悪さをしないと約束してくれました。村に平和がもどったのを見て、たけるはまた次のドラゴンたいじの旅に出ました。

94

95